慧语与明言

苏维迎◎编著

中国书籍出版社
China Book Press

图书在版编目（CIP）数据

慧语与明言/苏维迎编著 . —北京：中国书籍出版社，

2017. 11

ISBN 978 - 7 - 5068 - 6596 - 8

Ⅰ . ①慧…　Ⅱ . ①苏…　Ⅲ . ①格言—汇编—中国

Ⅳ . ①H136. 33

中国版本图书馆 CIP 数据核字（2017）第 274016 号

慧语与明言

苏维迎　编著

责任编辑	李　新	
责任印制	孙马飞　马　芝	
封面设计	中联华文	
出版发行	中国书籍出版社	
地　　址	北京市丰台区三路居路 97 号（邮编：100073）	
电　　话	（010）52257143（总编室）　　（010）52257140（发行部）	
电子邮箱	eo@ chinabp. com. cn	
经　　销	全国新华书店	
印　　刷	三河市华东印刷有限公司	
开　　本	710 毫米×1000 毫米　1/16	
字　　数	220 千字	
印　　张	16. 5	
版　　次	2017 年 12 月第 1 版　2022 年 9 月第 4 次印刷	
书　　号	ISBN 978 - 7 - 5068 - 6596 - 8	
定　　价	48. 00 元	

前　言

　　名言警句是古今中外先哲和仁人志士以及历代劳动人民的思想精华、智慧积累、知识提炼和经验总结，是人类思想、文化、智慧和经验的瑰宝。它集丰富的内涵、深刻的哲理、精练的语言于一体，内容涉及宇宙、自然、社会、人生、事业、生活的方方面面。

　　学习名言警句，如同与智者名人进行面对面的谈话、交流和沟通，又好似在聆听圣贤名家的谆谆教导。它既可以帮助我们领悟人生哲理、启迪生活智慧、提高自身素质，又可以让我们在写作演讲中引用，增强说服力，提高感染力。名言警句以其思想美、内容美、语言美为人们所传颂，闪烁着人类智慧的风采，能让人们获得不竭的永远的精神养料。

　　我在中学时代，对于名言警句，就有敬仰之心、钟慕之情，把名言作为兴趣，收集记录起来，经常学习分析它的含义。一段时间以后，对于学校的读书更加自觉和自信，对名言警句也更感兴趣了。

　　适逢"文革"，我高中还没有毕业就下乡务农。刚离开学校，四体不勤、五谷不分，对农村什么都不懂，压力大、生活苦。但我还是坚持整理学习名言警句，坚持读点名著，反复揣摩思考，学习感悟到自己没有退路，不管环境条件多么艰难，都要坚持下去，必须主动去适应农村的一切。就这样，对于名人名言的感情就更深了。后来大学四年学习和参加工作，对于名言警句更是产生了独特的感情，名言警句成为学习生活的重要组成部分，并且经过经常的反复比较，追溯历史的变化，对照客观的现实情况，对于名言警句我也有了一些自己的想法。

名言警句具有"慧、明、美"等特点。慧，指的是哲人的哲理、贤人的思想、人民的智慧，它揭示了宇宙的秘密，开启了人们的心灵；明，指的是让人道理明白、心情明快、筹划明天，它使人们产生思想火花、感情共鸣；美，指的是思想内容美、事例形式美、语言表达美，它让人们易于理解，乐于享受。我学习理解名言警句，认为必须赋予现代的气息、时代的特征、文化的特色才更有意义。

退休以后，我就萌发了把以前几十年收集的名言警句加以整理，并把学习的心得体会编著成册的想法，以对以前的学习做个交代。如能为实现"中国梦"添一份力，就更加心满意足了。虽然辛苦，也算是老人的快乐享受。

编写本书，把握了以下几个问题：

一是重视心灵的平等对话。本书书名为"慧语与明言"。原来这方面的书籍，都有"警"或"名"字，含有训令和说教的意思，有点居高临下的意味，或许给读者造成心理的影响。用"慧"和"明"字，体现了心灵的平等、交流的平等、对话的平等，让人容易理解，乐于接受。另外，名人的标准不一而足，只要你说的话对社会有好处、对人的心灵有启迪，就是慧语，就是明言。

本书的慧语明言主要来自三个方面：一是古代的哲人和仁人志士的精辟语言；二是近现代知名学者和智者的独到论说；三是自己从书籍、报纸杂志收集，或自己编纂出来的。这和以前同类书籍主要是引用前人、名人的警句名言不同，也算是一种尝试。作为著作，关于这方面，可以各抒己见。

二是根据社会发展需要确定本书读者的重点。习近平总书记说过，"中国梦是我们的，更是你们青年一代的。中华民族伟大复兴终将在广大青年的接力奋斗中变为现实"。最近中共中央、国务院印发了《中长期青年发展规划（2016—2025 年)》。青少年一代是中华民族的未来，中华民族的未来要靠青少年一代努力奋斗。青少年一代的教育培养是我们党和国家的战略重点和严峻迫切的现实问题。青少年一代正是长身体、学知识、思想活跃时期，特别是世界观、价值观、人生观的形成对国家、对家庭、对个人影响很大。老年人群体人数多、分布广、影响大，是一支十分重要的不可忽视的社会力量。党和国家也十分重视、关心和支持老年事业的发展，出台了一系列的政策措施。为了在实现中华民族伟大复兴中国梦的征途中尽绵薄之力，本书重点为这两方面读者提供资料，希望能有所裨益。

三是按照读者对象调整文章的结构和内容。全书共为十篇，其中的第一篇社会·担当·圆梦、第五篇道德·修养·爱心、第七篇友情·协作·共享、第十篇惜时·价值·生命，与青少年和老年人都有比较直接的关系，是必须面对、必须醒悟、必须接受的问题。第二篇爱国·奉献·事业、第三篇理想·信念·拼搏、第四篇目标·心态·成就、第六篇阅读·思考·心智，与青少年的关系比较直接，青少年要踏入社会、践行人生，实现肩负的中国梦必须具备相应的素养、能力和心智。第八篇家风·家德·家和和第九篇养老·乐老·健康，与老年人的关系比较直接，老年人要珍惜黄昏，做好转换期的思想、心理和条件的准备，做好示范，享受幸福快乐的晚年生活。

事物都不是独立存在，而是相互关联的，本书在内容上注意篇与篇的衔接以及篇内部内容的联系，内容不重复而又适当交叉。

四是根据社会现状突出思想新颖性，为社会提供正能量。以前的同类著作，关于社会、担当、阅读、心智、家德、家和、乐老、价值、生命等方面的阐述比较少。但事实上，这些知识对于社会，尤其是青少年和老年人有着重要的现实意义，本书对以上方面进行了专门论述。另外，现代中国在实现中国梦的进程中，十分强调和关注的圆梦、共享、家风、养老、健康等问题，本书也特别注意，为实现中华民族伟大复兴的中国梦提供正能量。

本书的出版，将是对自己的最大安慰、最大鼓励和最大满足。

作为一名老党员，愿以本书的出版作为向中国共产党第十九次全国代表大会的献礼。

苏维迎　于泉州

2017 年 7 月 1 日

目 录
CONTENTS

第一篇

社会·担当·圆梦

　　"一个幽灵，共产主义的幽灵，在欧洲游荡……"《共产党宣言》用一万多字，深刻指出了共产主义的神圣使命。这个"幽灵"，成为一切旧势力的掘墓人，敲响了资本主义的丧钟，奏出了一曲曲迈向未来理想社会的奋进凯歌。

　　马克思、恩格斯创立的科学社会主义和共产主义的学说，犹如喷薄的朝阳，照亮了人类通往理想社会的康庄大道。一百多年过去了，共产主义运动有过高潮也有过低潮，蹚过激流也涉过险滩，但它不仅没有"山穷水尽"，反而"柳暗花明"。

　　理想照亮前方，信念指引未来。高擎理想的旗帜，坚定前行的脚步；燃烧信念的火炬，充满奋斗的激情；胸怀崇高的理想，勇于担当，积极为实现"两个一百年"奋斗目标和中华民族伟大复兴的中国梦贡献智慧和力量。

　　大道之行也，天下为公。选贤与能，讲信修睦，故人不独亲其亲，不独子其子，使老有所终，壮有所用，幼有所长，鳏寡孤独废疾者皆有所养，男有分，女有归。货恶其弃于地也，不必藏于己；力恶其不出于身也，不必为己。是故谋闭而不兴，盗窃乱贼而不作，故外户而不闭。是谓大同。

——《礼记》

得人之道，在于知人；知人之法，在于责实。

——苏　轼

见贤者不及，从谏如顺流。

——诸葛亮

国家用人，当以德为本，才艺为末。

——康　熙

国以任贤使能而兴，弃贤专己而衰。

——王安石

能用人者，无敌于天下。

——王夫之

尚贤为政之本。

——墨　子

始吾于人也，听其言而信其行；今吾于人也，听其言而观其行。

——孔　子

贤能不待次而举。

——荀　子

治世之业，当择贤才而用之，岂以新旧为先后哉！

——李世民

何世无材，患主人不能识耳，苟能识之，何患无材。

——汉武帝

天长地久。天地之所以能长且久者，以其不自生，故能长生。

——老　子

见小曰明，守柔曰强。为无为，则无不治。

——老　子

执大象，天下往。圣人无常心，以百姓之心为心。

——老　子

乐民之乐者，民亦乐其乐；忧民之忧者，民亦忧其忧。

——孟　子

贤者在位，能者在职，国家闲暇，及是时明其政刑，虽大国，必畏之矣。

——孟　子

以善服人者，未有能服人者也。以善养人，然后能服天下。

——孟　子

刺骨，故小痛在体而长利在身；拂耳，故小逆在心而久福在国。

——韩非子

千丈之堤，以蝼蚁之穴溃；百尺之室，以突隙之烟焚。

——韩非子

能法之士，必强毅而劲直，不劲直，不能矫奸。

——韩非子

礼义廉耻，国之四维。四维不张，国之不国。

——《资治通鉴》

自强不息，厚德载物。

——《周易》

畏天命，畏大人，畏圣人之言。

——孔子

民惟邦本，本固邦宁。

——《尚书》

政者，正也。

——孔子

今日长缨在手，何时缚住苍龙。

——毛泽东

♡夺取全国胜利，这只是万里长征走完了第一步。

♡中国的革命是伟大的，但革命以后的路程更长，工作更伟大，更艰巨。

♡我们不但要善于破坏一个旧世界，我们更将善于建设一个新世界。

♡社会的最高境界是和谐。

♡由许多对生活、对生命、对国家无动于衷的人组成的民族，是没有希望的民族。

♡我们的世界、国家要平等，民族要平等，人与人也要平等，凡是有生命的，都要相互尊重，相互平等。

♡一个人、一个民族看事情，是看十天、看十年还是看一百年，他做事情的出发点和要达到的目的，是非常不一样的。

♡远见对于一个民族，如大旱之望云霓，这是决定一个民族能不能在世界之林生存重要的一个方面。

♡哲学家是那些喜欢洞见真理的人。哲学家在任何时候都热爱真理。

♡探寻真理难，要实践真理就更难。

♡对真理基础的研究将使真理得到巩固。

♡真正解决层出不穷的社会问题，治本之道是要培养新一代人才。

♡创造一个时代、一个国家兴旺的才能，是几个世纪都不会消失的。

♡人类社会就像茫茫大海中航行的巨轮，必须有到达港口的理想目标以及到达该港口的航线。

♡人类社会跌跌撞撞走到现在，社会主义是开天辟地第一回，伟人们已经指明了目标和航线。社会主义的这艘巨轮将义无反顾地胜利到达人类的大同社会——共产主义。

♡真理必须接受实践的检验。同时，真理必须接受历史的检验。

♡要争朝夕，更争万年。

♡试看将来的环球，必是赤旗的世界。

♡中国人应该自信，应该有点狂的精神。

♡一种精神可以影响一代人、几代人、一个民族乃至整个世界。

♡人民，只有人民，才是创造世界历史的动力。

♡英雄，真正英雄，才是驾驭历史巨轮的舵手。

♡理论，唯有理论，才是引领历史前进的航标。

♡伟大的目标产生伟大的动力；伟大的目标产生伟大的创造力；伟大的目标产生伟大的号召力；伟大的目标产生伟大的凝聚力。

♡学习毛泽东，研究毛泽东，超越毛泽东。

♡祖国是我们的母亲，我们永远爱祖国，永远相信共产党。

♡创业难，守业更难，守好业难上加难。

♡道理是直的，但是路经常是弯的，是为真理服务的。

♡历史给我们的教训是，人们从来都不知道汲取历史的教训。

♡一切法律的总目标一般是或应该是增加社会幸福。

♡好制度，使坏人欲作恶而不能；坏制度，让好人欲从善而不能。

♡看一个国家的文明，只需考察三件事：第一是看怎样对待小孩子；第二是看怎样对待妇女；第三是看怎样利用闲暇时间。

♡一个没有信仰的民族，是没有希望的民族。

♡信仰不仅讲在嘴上，更是发自内心，自觉地默默地不懈追求的信念，并为之奋斗甚至献出生命。

♡一个国家建起摩天大厦、高速公路、立交桥不难，真正的难点是人心的现代化，它是迈向现代化过程中真正的挑战。

♡人民创造历史，而只有把人民组织起来才能创造历史。

♡英雄人物是驾驭时代的列车，带领人民向前进的人。

♡指导一个伟大历史运动的理论体系一般来说必须以哲学作为基础。

♡自然科学社会化，社会科学自然化，自然科学与社会科学一体化。

♡社会科学必须自然化，走向"数学化"。

♡"一带一路"建设彰显中国担当。

♡中国越强大，世界越和平。

♡政策、策略和方法是党和国家的生命，是做好工作务必充分注意的。

♡我们一切工作干部，不论职位高低，都是人民的勤务员，我们所做的一切，都是为人民服务。

♡我们的责任，是向人民负责。每句话，每个行动，每项政策，都要适合人民的利益，如果有了错误，定要改正，这就叫向人民负责。

♡政治路线确定之后，干部就是决定的因素，作风建设是重要条件，这是我们事业不断取得胜利的基本保证。

♡民族缺乏进取精神意味着堕落。唯有开拓和进取，才能立于不败之地。

♡光有金钱而没有最崇高的思想的社会是会崩溃的。

♡要平等先必须公正。

♡国民的健康是国家繁荣昌盛的重要方面。

♡人到无求品自高，官到无求胆自大。

♡发展是最真的道理，改革是最强的动力，稳定是最硬的基石。

♡人心齐，泰山移。

♡以"为民"为初心，以"自律"为内省，以"实干"为要求。

♡人心如秤，称量谁轻谁重；民意似镜，照出孰美孰丑。

♡知屋漏者在宇下，知政失者在草野。

♡欲知平直，则必准绳；欲成方圆，则必规矩。

♡治国就是治吏！

♡人民是国家的主人。

♡团结问题就是人心向背问题。

♡民心不向，团结就难。

♡团结是一门科学，又是严肃的政治问题，关系重大。

♡共产党人和无产阶级只有"自我"解放，才能解放全人类，最后才能有自己的解放。

♡党风决定政风，政风决定民风，民风决定社会风气。

♡问题在社会，根子在上层。

♡一切从我做起，我在心中。

♡一个小漏洞，如果不堵塞，将使巨轮沉没。

♡清廉为官，以身作则，是德政的起点。

♡清廉是官员的起码条件，否则其他一切免谈。

♡公务人员是政权大厦的四梁八柱，严明的纪律是梁柱的防腐剂，是保持其长久支撑力的基础。

♡历史的经验是：法纪越严，官越不好当；官越是不好当，国家越是前途无量，人民越是充满希望！

♡纪律面前人人平等。

♡纪律面前不存在所谓"大官"和"特权"。

♡干部作风问题折射出的深层问题，决定了一个政权的前途和命运。

♡本质决定作风，作风就是人心向背。

♡作风问题关系党的生死存亡。

♡老百姓心中，公职人员就是政府、就是国家。

♡公职人员的一举一动一句话，直接对老百姓的心产生影响，更不要说官员了。

♡官员的作风问题和官场的风气问题，不但会导向腐败，还必然导致精神的垮塌。无论对于个人还是国家，这都是致命的。

♡只要有用人之心，识人之能，人才自然就会聚集过来。

♡没有是非的政治，当然不正。不正的"政治"，不过是既得利益者攫取更大利益的工具罢了。

♡用正当的手段推行公正和正义，倡导公平和平等，并且身体力行，这才是政治。

♡"挑刺"的方式促进社会更美好。它是一个公民的基本特征。

♡社会的人都在两条线内游荡：一条是底线，也是法律线；一条是上线，也是道德线。坚守底线，追求上线。

♡说真话需要勇气。

♡敢讲真话是有责任心的体现。

♡说实话，但不能偏激。

♡高谈阔论不见得就掌握真理。

♡敢于仗义执言。

♡要有点批判的精神。

♡像爱护自己母亲一样爱护大自然，像保护自己眼睛一样保护大自然。

♡一个社会，如果办什么事，都要找关系、托人情，那这个社会是扭曲的社会，太令人失望了。

♡一个社会，如果正直的人无法得到起码的尊重，很难说这个社会是"好的社会"。

♡人大代表、政协委员去开会，是一种荣誉，更是一种责任。如果只知道热烈鼓掌，点头称是，人民民主就无法体现。

♡少些空话套话，多些诤言良言；少些雷人雷语，多些常识之论；少些土豪作派，多些谦抑之风。思想目标一致，行动就更有力量。

♡节约为善。

♡底线是社会的基础、社会的根本，是不能再退的最后一道防线。

♡基础不牢，地动山摇，天下大乱。

♡底线包括法律底线、道德底线和职业底线。

♡有了底线，做生意，明码实价，童叟无欺，不会假烟假酒，不会短斤少两。

♡有了底线，做学问，言之有据，不会假文凭、假论文、假成果。

♡有了底线，做官，不夺民财，不贪污腐化，不伤无辜，不骗上压下，不拉帮结派。

♡有了底线，做人，不卖朋友，不阳奉阴违，不丧天良。

♡世界上有些不怀好意的人们亡我之心不死，欲灭其国，必先灭其史。

♡国无法不治，商无法不兴。

♡国无常强，无常弱。奉法者强则国强，奉法者弱则国弱。

♡实现中华民族伟大复兴的中国梦，实现马克思主义的初心，实现共产党人的宗旨，目标都是一致的，就是建设没有人压迫人、没有人剥削人的社会，实现高度发达的物质文明和精神文明。

♡有梦的民族天天在成长，成长的祖国天天都有梦。

♡经天纬地的中国战略让梦想更加辽阔。

♡每一寸土都有梦的根，每一滴水都是梦之源。

♡有梦的祖国美如画，如画的祖国梦翩跹。

♡没有热血的梦想苍白无力，精神不倒的民族气贯长虹。

♡感天动地的中国精神让梦想更具风采；顶天立地的中国力量让梦想行稳致远。

♡国有梦家有盼，民有梦国有望。

♡中国梦是历史的、现实的，也是未来的。

♡中国梦是国家的、民族的，也是每一个中国人的。

♡振兴中华，乃你我之责。

♡爱心汇聚，圆梦中华。

♡好梦成真！

♡祝福中国梦！

第二篇

爱国·奉献·事业

马克思说过："劳动创造了美。"推进中国的改革大业，归根到底要靠辛勤劳动、诚实劳动、科学劳动，多少年沧桑变化，但劳动精神一直熠熠生辉。

乐于进取，勤于劳动，奉献爱国是中华民族最鲜明的品格，也是当代中国续写发展奇迹的动力源泉。

我们所处的时代是催人奋进的伟大时代，我们进行的事业是前无古人的伟大事业，我们的事业需要进取奉献，我们的时代呼唤奉献爱国精神。每个中华儿女都要继承和发扬中华民族这种伟大的精神，汇聚中华民族现代发展的强大正能量，尤其是青少年一代要传承奉献爱国这一中华血脉，让它发扬光大，代代相传！

天下兴亡，匹夫有责。

——顾炎武

身执耒臿，以为民先，股无胈，胫不生毛。劳身焦思，居外十三年，过家门而不敢入。

——《韩非子》《史记·夏本记》

欲穷千里目，更上一层楼。

——王之涣

慎终如始，则无败事。

——老　子

先天下之忧而忧，后天下之乐而乐。

——范仲淹

故贵以身为天下，若可寄天下。

——老　子

尧行道德终无敌，秦把金汤可自由。

——李山甫

为了自己的身家名誉，而去拼命的人，算不得大勇。不顾自己的身家名誉，而去维护真理的人，才是真正的勇者。

——刘　墉

保初节易，保晚节难。

——朱　熹

生，我所欲也；义，亦我所欲也。二者不可得兼，舍生而取义者也。

——孟　子

生当作人杰，死亦为鬼雄。

——李清照

欲致鱼者先通水，欲致鸟者先树林。水积而鱼聚，木茂而鸟集。

——《淮南子》

欲致其高，必丰其基；欲茂其末，必深其根。

——《抱朴子》

鞠躬尽瘁，死而后已。

——诸葛亮

春蚕到死丝方尽，蜡炬成灰泪始干。

——李商隐

常思奋不顾身，以殉国家之急。

——司马迁

赤心事上，忧国忧家。

——韩　愈

苟利国家生死以，岂因祸福避趋之。

——林则徐

三十功名尘与土，八千里路云和月。

——岳　飞

城存与存，城亡与亡，我头可断，而志不可屈。

——史可法

是气所磅礴，凛冽万古存。当其贯日月，生死安足论。

——文天祥

捐躯赴国难，视死忽如归。

——曹　植

位卑未敢忘忧国，事定犹须待阖棺。

——陆　游

人固有一死，或重于泰山，或轻于鸿毛。

——司马迁

朝闻道，夕死可矣。

——《论语》

安危在是非，不在于强弱；存亡在虚实，不在于众寡。

——韩非子

路漫漫其修远兮，吾将上下而求索。

——屈　原

苟可以强国，不法其故；苟可以利民，不循其礼。

——商　鞅

穷则变，变则通，通则久。

——《周易》

出淤泥而不染，濯清涟而不妖。

——周敦颐

♡国家是大家的，爱国是每个人的本分。

♡五星红旗象征自己的心，没有了心，就没有了生命。

♡爱国主义就是历史长期形成的对自己祖国的一种最深厚
的感情。

♡爱祖国高于一切。

♡对于国民来说，最伟大、最神圣、最向往的东西是自己
的祖国。

♡科学没有国界，但科学家有国界。

♡人类最高的道德是爱国心。

♡祖国更重于生命，是我们的母亲。

♡有祖国才有幸福。

♡每个人必须植根于祖国的土壤里，成长于祖国的土壤
里，结出丰硕的果实，服务于祖国的人民。

♡爱国家的利益，就要怀着比自己的生命更大的尊敬、神圣和严肃去爱它，并尽自己的力量促进祖国的繁荣、发展和自由。

♡对于社会的贡献，中国古人追求立德、立功、立言。

♡人活着就要对社会有贡献，只有对社会尽了应尽的义务，临终时才会心安理得。

♡生命的价值，既不决定于年龄，也不决定于权力，更不决定于金钱，而是决定于你对社会和人民的贡献。

♡贡献才是人生的真正意义。

♡我们是国家的主人，要做实实在在为时代拼搏的弄潮儿。

♡自己的一切献给社会，就是最有意义的一生。

♡人生的幸福，是把有限的生命投入到无限的为人民服务中去。

♡流星因为它燃烧着走完自己的全部路程，所以受到人们的赞美。

♡人生要像春蚕，死了还丝不断，给人间多添一点温暖。

♡净化自己的身心，从奉献中获得快乐。

♡只要祖国这朵花开得鲜艳，光耀照人，我愿做会朽的腐草。

♡爱必须奉献，把自己心灵的力量献给所爱的人，为所爱的人创造幸福。

♡人生最大的幸福是把自己的一切奉献给他人，奉献给人类。

♡我们当作火炬，不是照亮自己，而是照亮世界。德行不能推及他人，等于没有。

♡学识不是个人显耀的"资本"，而是为人类服务。

♡人是万物之灵，却没有奉献，愧对自己，愧对人生，愧对世界上最高等动物人的意义。就连石头也是为了让人利用而存在着的。

♡人当活在真理和自我奉献里。

♡筑牢信仰之基，补足精神之钙，把稳思想之舵。

♡靠诚实劳动为国添光彩。

♡劳动是幸福的源泉、梦想的阶梯。

♡劳动创造了美。

♡汗水浇灌美丽，平凡孕育伟大。

♡人民创造历史，劳动开创未来。

♡人如果仅仅为自己劳动，永远也不能成为真正完善和伟大的人。

♡不同的岗位，不同的地方，不同的时候，都可以奉献自己。

♡我所能奉献的，唯有激情、汗水和心灵。

♡母亲为她分娩的亲爱生物而作出牺牲，难道我们不应该准备为她的成功而捐献生命吗？

♡学者真正了不起的地方，是暗暗做了许多伟大的工作而生前并不因此出名。

♡在人世间，伟大杰出的人物，是永生不灭的，他们的精神载入史册，传之四海。

♡要到生死关头、利害相交的时候，才能知道一个人的真心。

♡忠义血性。

♡长期地做好人好事，心灵永远停留在仁德之境的，便是圣人。

♡生命是一个奥秘，它的价值在于探索。因而，生命的唯一养料就是冒险。

♡一个人生命的意义，在于奉献的多少。

♡离了境，任何一个国人就是祖国的全部。

♡在境外，你的行为，就是祖国形象。

♡爱国情浓时，多在国门外。

♡在国外旅游，自己就是"国家形象大使"。

♡努力奋斗，有所作为，不虚度年华，在时间的沙滩上留下足迹。

♡能够为自己追求的伟大目标去奋斗，这是真正的乐趣。

♡人的贡献大小、人的差异产生在业余时间。

♡为了我们的事业，把自身的潜力发挥到极致。

♡人要有才干，但才干要为祖国服务。

♡勇立潮头，敢为天下先。

♡既然来尘世走一回，就要迸发能量、散出光热、留下脚印。

♡生命的长短用时间计算，生命的价值用贡献计算。

♡乐天下人之乐，忧天下人之忧。

♡人生要把行为寄托在高贵的品格、纯洁的感情和幸福的境界上。

♡用心中的温暖烛光，点燃周围另一支烛光，这世界就亮起来了。

♡真正的智慧有如一盏灯，它轻易就能照亮千年烦恼的暗室。

♡为享受生命工作，不只为生活而工作。

♡读不懂生命的人，认为生命只是一次；读懂生命的人，感叹他生涯浮沉，九死一生。

♡欣赏生命，思考生命。

♡人活着的意义应当是在过程，而不是结论。

♡真正伟大的思想决不会只适用于一时一地，它总是具有普遍的意义。

♡人真正的欢喜乐观从内心泉源中来，从思想通路中来，从大家相处中来，从人我关系感恩中来，从工作勤奋成就中来。

♡人不能只看钱，更要看因缘。

♡拥有因缘，就拥有真理；拥有真理，就拥有世界的一切。

♡人生在世，注定要受许多委屈。越是成功，受的委屈越多。

♡对于委屈和污蔑，要学会一笑置之，超然待之，在宽容中壮大自己。

♡生命的过程，贫、富不只在金钱、物质上计算，应该体现在对国家社会的贡献。

♡要与人为善，又要"为天地立心，为生民立命""杀身成仁，舍生取义"。

♡人的一生，活的岁数多与少不重要，重要的是你留下的生命的意义。

♡寿命有年月的寿命、道德的寿命、功德的寿命、思想的寿命、事业的寿命、言论的寿命、文字的寿命，只要利益大众、利益社会，就能影响深远，都是我们应该重视和追求的寿命。

♡人生，是一种责任，既然活着，就应担起生存的职责，不是因为执着，而是因为值得。

♡幸福的人生应当是和谐的人生，有意义的人生。

♡人要记住，勿不劳而获，勿贪得无厌。

♡人在生的时候，不仅要想到能为社会创造些什么，而且应该想到，在死的时候能给后人留下些什么。

♡生命的真正意义在于付出，在于给予；而不在于索取，不在于接受。

♡真正的幸福，只有当你真实地认识到人生的价值并为之奋斗时，才能体会到。

♡生命是可爱的。为着追求光和热，宁愿舍弃自己的生命。

♡我们努力，我们奋斗，有所作为，就可能在时间的沙漠上留下我们的脚印。

♡人类的"最高价值"是"真、善、美"。"真"是认识的价值；"善"是道德的价值；"美"是艺术的价值。

♡伟大的人都是通过痛苦而得到欢乐。

♡只要随时随地、点点滴滴地把自己的事情做好，把自己知道的、想到的告诉人家，无形中就是为人民做好事。

♡一个人只有把自己的事业和祖国的事业联系起来，才能有所作为，成为有用的人。

♡没有无私的自我牺牲的母亲的慈养，孩子的心灵会是一片荒漠。

♡给予本身是无与伦比的欢乐，人绝不能为了获取而给予。

♡科学工作者特有的风格，既异想天开，又实事求是。

♡人生的价值，即以其人对当代所做的工作为尺度。

♡工作是人生的价值，人生的欢乐，也是幸福的源头。

♡人们必须先爱工作，工作才能给人以最大的恩惠，获取最大的结果。

♡我喜欢成功。但真正使我的心灵和情绪飞扬激动的却是工作的过程。

♡人类的生命目的是行动，而非思想，并非知识，尽管思想是崇高的，知识是渊博的。

♡现实是此岸，理想是彼岸，中间隔着湍急的河流，行动则是架在河上的桥梁。

♡行动不一定能得到幸福，不去行动，绝不可能获得幸福。

♡行动是去摘取知识成熟后的果实。

♡伟大的思想能变成巨大的财富。

♡人尽其才，则百事兴；百事兴，则富强。

♡伟大人物生长于他们所处的时代和地区，是历史事件的象征与产物，也是历史的代表和声音。

♡伟大人物，正因为他们主持和完成了某种伟大的东西，不仅仅是一个单纯的幻想，一种单纯的意向，而且适应了时代的需要。

♡伟大的人必定是一个怀疑者，不被任何一种信念所束缚。经常不为人所理解，甚至为人所曲解。

♡伟人是历史规律的一个符号、一个指数、一个表现。

♡伟人是国家的路标。他们的出现是必然的，夜里别人安睡的时候，他们却艰辛地往上攀登。

♡最伟大的人，坚信自己的判断，不压制别人也不受别人压制。

♡只有天才的人才能发现天才的幼苗，并善意地给予必要的援助。

♡一个人应该善于使用自己的才能，使它不至于涸竭，并且还要和谐地发展。

♡达到最高道德境界的人，必定谦恭卑下、兼收并蓄、虚怀若谷、勇于进取、乐于奉献。

♡一个人如果不试图在他那一行里做些前人没有做过的事，那就是不思进取。

♡人才固然可贵，但善于发现人才和使用人才的人更为可贵。

♡生活的全部意义在于无穷地探索未知的领域，在于不断地增加更多的知识。

♡运筹帷幄时就证明你的智慧开始发光了，它会点燃自己照亮别人。

♡真正伟大的行程是用平凡而正直的脚步走完的。

♡每个人的生命只有一次，在这宝贵的人生旅程中，有人用智慧把它发挥到了极致。

♡战争中表现出来的机智，有时能给一个国家带来举世瞩目的荣誉。

♡顺应历史潮流，才能跃上时代浪尖。

♡当人处在十字路口时，必须判断准确，否则就会犯方向性的错误。

♡结果不重要，动机原因才重要。

♡当没有办法改变环境时，就要顺应环境，走出一条自己的路。

♡要冒险我去冒，要吃苦我来吃，有好处大家分。

♡一切来自社会，最后还是还给社会。

♡对每个人来说，任何一段经历都是很宝贵的经验。

♡一个人在精神的世界里强大，才会在现实的世界里强大。

♡强者保护道，弱者寻求道的保护。

♡索取，永远不会使你满足；只有付出，才能使你满足。

♡科学精神在于寻求事实，寻求真理。

♡科学态度在于撇开成见，搁置感情，只认得事实，只跟着证据走。

♡科学方法是"大胆设想，小心取证"。

♡如果你能走正确的道路，正确地思考和行动，你就能在一种幸福的平静流动中度过一生。

♡最伟大、最崇高的人，也一定能够包容一切，尤其是能够包容"最不能容于天下之人"。

♡人生并不在于舞台的大小，而在于你是否演好了自己的角色。

♡做人如水，做事如山。

♡寂寞是一份财富，是积极进取的动力。

♡开风气之先，据杏坛之首；实事求是，表率群伦，把古老文明，导向现代化之路。

♡路，相互行走，必风景如画。

♡活着就要活得精彩。

♡人生有涯，为民无涯。

♡人的生活中，事业是最能吸引人、最能激发人永远充满热情的力量。

♡宏伟的事业，只有靠实实在在的、微不足道的一步步积累，才能获得成功。

♡人是要死的，谁也活不过几百岁，但是他的事业会永垂不朽，他的名字会永存的。

♡事业是理论和实践的生动统一。

♡事业要求严肃认真，生活要求自由活泼。事业需要"一步一个脚印"地实干，生活需要随和轻松，使人感到舒畅。

♡为伟大事业献身的人，永远值得人们怀念。

第三篇

理想・信念・拼搏

　　岩石以隆起为奋斗，所以成就山峰的巍峨；河江以奔流为奋斗，所以成就海洋的博大。人生因拼搏而精彩，青春都与激情相伴、与奋斗为伍。

　　习近平总书记在中国政法大学考察时勉励青年学子："要正确对待一时的成败得失，处优而不养尊，受挫而不短志，使顺境逆境都成为人生的财富而不是人生的包袱。"

　　"人类被赋予了一种工作，那就是精神的成长"。精神的成长是一个不断发展变化的过程，年轻人朝气蓬勃，有理想有抱负，有立志干大事的初心，但情况环境不断变化，只有坚定理想信念，不断拼搏，不断努力，才能见到曙光。强化理想初心的魂，坚定不屈信念的心，深扎拼搏奋斗的根，必将谱写光彩耀人的动人篇章。

　　功者，难成而易败；时者，难得而易失。

——司马迁

审度时宜，虑定而动，天下无不可为之事。

——张居正

抱残守缺，变通求存。

——《易经》

不以爱之而苟善，不以恶之而苟非。

——嵇　康

成败极知无定势，是非元自要徐观。

——陆　游

咬定青山不放松，立根原在破岩中。千磨万击还坚劲，任
尔东西南北风。

——郑板桥

不为穷变节，不为贱易志。

——桓　宽

襟怀纳百川，志越万仞山。目极千年事，心地一平原。

——柳　青

千年成败俱尘土，消得人间说丈夫。

——文天祥

我非生而知之者，好古，敏以求之者也。

——孔　子

天下之至柔，驰骋天下之至坚。无有入无间，吾是以知无为之有益。

——老　子

山径之蹊间，介然用之而成路，为间不用，则茅塞之矣。

——孟　子

夫骥一日而千里，驽马十驾，则亦及之矣。

——荀　子

举世皆浊我独清，众人皆醉我独醒。

——《楚辞》

一苦一乐相磨炼，练极而成福者其福始久；一疑一信相参勘，勘极而成知者其知始真。

——《菜根谭》

♡人有了物质才能生存，有了理想才谈得上生活。

♡人生中最美好的是理想而不是现实。

♡追随理想永远勇往直前，伟大的毅力必定达到伟大的目标。

♡科学像大海航行一样，只有按照航线，意志坚强的人，才能到达理想的彼岸；科学又像登山一样，只有不畏劳苦，沿着陡峭山路攀登的人，才有希望到达光辉的顶点。

♡希望是茫茫黑夜中的北斗星。

♡成大事者，要有崇高理想，超世之才，又要有坚忍不拔之志，科学的处事方法。

♡人生具备"两种力量"：一种是思想的力量，一种是利剑的力量。思想的力量往往战胜利剑的力量。

♡人生插上"两个翅膀"：一个叫理想的翅膀，一个叫毅力的翅膀，就能飞得高，飞得远。

♡理想是生命的动力，智慧是生命的泉源，行动是生命的展现。

♡一个人最大的破产是绝望，最大的资产是希望。

♡有梦想的人生更精彩。

♡激扬人生需要梦想的支持。

♡境界是人生的理想追求和精神支柱。

♡梦想，不是浮躁，而是沉淀和积累，只有拼出来的美丽，没有等出来的辉煌。

♡人生像是大海里航行的小船。北斗星是希望，是罗盘；信念是不竭的动力。人生的航船，在茫茫的大海中朝既定的目标前行，必将到达理想的彼岸。

♡现实是暂时的，理想是永恒的。

♡为了全人类幸福的完美理想，更是人生具有伟大意义的事业。

♡有了理想，又有了自信心，更应该有恒心，事情就能做成、做好。

♡理想是指路明灯。没有理想，就没有方向；没有方向，就达不到目标。

♡看到希望必须坚持，坚持才能看到希望。希望与坚持相辅相成，相互促进。

♡英雄征服天下，不能征服自己；圣贤征服自己，又能征服天下。

♡超脱现实，为崇高而努力，必受人崇敬。

♡人要造就伟大的精神不容易啊！人在精神成熟以后，经过长期的熏陶和系统理论的指导，其信仰才可能是坚定而稳固的，才可能有高度的责任感，胸怀大志，矢志不移，行有操持。

♡敢于梦想，才能创造奇迹。

♡敢于梦想，才会有创造；只有继承，才会有发展。

♡人类最高的欲求，是不断地创造新生活。

♡所谓革命精神就是创造精神。

♡想象是创造的先导。

♡新世界是属于创造者和开拓者的。

♡创新需要一定的灵感，这灵感来自长期的积累与全身心的投入。

♡智商很高的人不一定能创造，只有具备丰富想象力和大胆探索精神的人才能创造新世界。

♡独辟蹊径才能创造出伟大的业绩。生活的真正意义在于创造，创造也是人生的最大快乐。

♡梦想在我们心底，使我们的心境永远得不到宁静，直到这些梦想成为事实。

♡理想是世界的主宰、人生的太阳，是最为快乐的事。

♡你想要实现多大的价值，取得多大的成就，你就得树立多大的志向、多大的理想。

♡理想需要的是符合自己的情况，略高于现实而不异想天开，经过努力可以实现，能真正作为我们奋斗的指路明灯。

♡对于理想的态度，以"真"为开始，以"善"为历程，以"美"为最终目标。

♡青春的光辉、理想的钥匙、生命的意义，乃至人类的生存和发展，全包含在这两个字之中——奋斗！

♡只有不断地追求探索，永远不满足已取得的成绩，方可有所成就。

♡人的思想是了不起的，只要专注于某一项事业，就一定会做出使自己感到吃惊的成绩来。

♡人们必须首先弄清楚：自己活着为了什么，自己到底需要什么，自己要做什么？这是多少人活了一辈子也未必清楚的。

♡人生不可无梦，世界上做大事业的人，都是由梦而来；无梦则无望，无望则无成，生活也就没有了乐趣。

♡希望是努力的母亲，是人生之需要，使人不致迷失方向；是热情之母，生命的源泉，心灵的灯塔，成功的向导；是逆境中的救星，忧愁的音乐，生命的灵魂。

♡一个人还有追求，他就没有老。直到后悔取代了梦想，他才算老。

♡信仰，是事业的千斤顶，是伟大的情感。没有它，就失去了人生前进的精神支柱，失去了创造力。

♡信仰是辉煌的光。它照亮自己，照遍周围，引导着人们前进。

♡伟大的思想中，意味着把原来不可能的事看作似乎是可能办的事。

♡伟大思想和坚强性格相结合，将创造让世界惊诧不已的伟大事迹。

♡思想是智慧的结果，是打开一切宝库的钥匙。

♡思想受到不断推动，它的威力足以战胜自然界的一切力量。

♡有心者，事竟成。

♡自己相信自己。

♡一生都在追求中度过，那么一生里必定孕育着许许多多美好的回忆，他的思想也一定很充实。

♡梦想的坚持，注定有孤独彷徨，有他人的质疑和嘲笑。那又怎样？哪怕遍体鳞伤，也要活得漂亮！活得快乐！放声大笑！

♡伟人之所以伟大，是因为处逆境时，别人丢了信心，他却下定决心实现自己的目标。

♡所有失败的人都是被自己打败的。

♡信用是人的第二性命。

♡人走到什么地步，都是自己替自己负完全的责任。

♡人要抓住机会来让对方了解你有什么本事。

♡同样的机会，对某些人是好事，但对某些人是危险的事情。

♡用心做事得来的经验，是一个人最宝贵的财富。

♡人要经得起全方位的严格考验。

♡人最需要帮助的，就是落魄的时候。

♡不靠运气，靠实力。

♡事情太顺，要特别小心。

♡能对得起自己的良心、自己的信仰，你就能抗得住别人的议论和指责。

♡内心足够强大，就不会被所处的环境轻易地左右。

♡一个人，是否立起来，要看自己心中是否有主见，别人眼中是否有自己。

♡大海是由一滴水一滴水汇集而成的，每个重大的成就都是一系列的小成就累积而成的。

♡"有所不为"的人，方能大有所为。

♡君子慎言。语言，可暖人，可成全人；语言，也可伤人，可毁损人。

♡山外有山，天外有天。人不能盲目自大。

♡真理超过半步就成谬误。

♡最伟大、最崇高的人，一定能够包容一切，尤其是能够包容"最不能容于天下之人"。

♡要进入一种高级的精神境界，就如同要到一个著名的山水名胜旅游，你注定要久久地颠簸在平庸且凹凸不平的途中。

♡唯有对真理服膺并服从之时，精神才显得有益又高贵。

♡年龄不是青春的唯一标志，只有那些充满了理想和热情的心灵才真正懂得青春的意义。

♡一次次的磨炼挺过之后，就能看到闪耀着希望之光的光明大道。

♡人如果不先了解自己，接纳自己，一切追求和途径，也会像迷阵一样，迷茫曲折，以至迷失自己。

♡青春虽已逝去，但留下朝气、经验、资本和未来。

♡一个人可以平凡，但不能平庸。

♡可以做凡人，而思考则要学习伟人。名师出高徒啊！

♡学历是铜牌，能力是银牌，人脉是金牌，思维是王牌。

♡成功的人不是赢在起点，而是赢在转折点。

♡别把工作当负担，只要你把工作当作生活和艺术，你就会享受到工作的乐趣。

♡需要就是价值。

♡世界上的路有千条万条，但是最难找到的就是适合自己的那条路。

♡三十而立，就是建立心灵的自信。

♡真正的智慧，就是面对人心，你拥有什么样的判断力。

♡一个人的生命如同下棋，要看在多大的格局上展开。

♡人的生活品质主要由他内心的取向决定，而不是外在的一切。

♡善于转换思路也是一种大智慧。

♡仁爱改变我们生命的状态。

♡以欢乐的信念去面对世界，在世界跟自我之间建立一种和谐的关系。

♡世间的钱财有散尽的时候，享受欢喜，享受奉献，才是无限的受用。

♡美好是属于自信者的，机会是属于开拓者的，奇迹是属于执着者的。

♡人生要发心立愿，并且实际去做，就会增加人间的光和热。

♡唯自信才能有出路，唯创新才能有未来。

♡笑容、优雅、自信，是最大的精神财富，拥有了它们，你就拥有了全部，是不可战胜的。

♡没有谁脚下的路，一生平坦到头；没有谁胸中的心，一生纯粹到底；没有谁头顶的天，一生永远蔚蓝。顺乎自然，心中坦然。

♡人心也是个世界，心有多大，你心中的世界才会有多大。

♡你的心力有多强，"抗震"能力才会有多强。

♡深知自己是完善自我的一把钥匙。

♡反思，能使人走向成熟，能使人变得深邃，能使人臻于完善。

♡人即使失去了一切，也还有自己的思想，还握有未来。

♡平凡的人因实现理想而伟大，奇迹乃是理想所生的爱子。

♡物质的繁荣，我们需要；精神的崇高，我们追求。

♡人的心是微小的，但它向往伟大的事业，整个世界在它面前显得"渺小"。

♡智慧是力量的源泉。

♡智慧的真正标志是在平凡中发现不平凡。

♡缺乏幻想的学者只能是一部活的参考书，他拥有知识，但不会创造。

♡提出一个问题，往往比解决一个问题更重要、更有意义。

♡科学不仅是知识，而且是意识，也就是运用知识的本领。

♡科学是人类智慧的最高贵的成果，它普遍地造福于人类。

♡科学减轻了人类生存的艰辛，又能给人类带来幸福。

♡想象力是科学研究的"望远镜"和"显微镜"。

♡社会需要发展，人类必须创造。

♡想象是创造的开始。今天的想象，就是明天的现实。

♡科学要求每个人要有崇高的精神、伟大的热情和极度紧张的工作。

♡真正的科学家是谦虚的，因为他做出的事情越多，越清楚还有更多的事情要去做。

♡实力就是机会。

♡智者创造机会。

♡追求真理做真人，永远在通往真理的路上，是莫大的幸福。

♡怀疑才能见真理，已学的知识只能是我们怀疑的"资本"。

♡真理是认识事物、改造事物的工具，是社会前进的指路明灯。

♡决定人的价值的是追求真理的孜孜不倦的精神，是捍卫真理的不怕牺牲的精神。

♡对真理的最大的尊敬就是捍卫它，运用它。

♡真理往往是极少数人发现的。真理的认识也往往要经过严酷的斗争。

♡真理，犹如黑夜中点燃一把火炬，照亮自己，光明别人，照亮每一个角落，一起迎接黎明，一同实现希望。

♡先改变自己，才能改变人生的高度。

♡生活的目的就是自我发展、自我完善。

♡一个人成熟的标志是敢于承担责任，敢于面对生命中的许多责任。这样，人生就有了真正的灵魂和含义。

♡一个人非常重要的才能在于他善于创造机会、抓住机会、征服机会。

♡机会让卓越的才能变成价值。

♡心灵的宽度主要是看你包容了多少人。

♡做人如山，望万物，而容万物。

♡做自己的太阳，无须凭借别人的光。

♡创新是企业的灵魂，是企业不断发展的关键。

♡富于创造性的人敏于模仿。

♡创造和开辟都要有胆量，有精神。创造目光要深，开辟目光要远。

♡开辟要有崇高的境界，冒险的精神。敢于开前人未经之道，敢于辟前人未历之境。

♡人之可贵在于创造。

♡想要超过别人，非有独创精神不可。

♡天才的发现所以伟大，正在于这些发现成了千万人的财富。

♡独创性是天才的基本特征。

♡在知识和现象的深入缜密的思考中，才能发现真理，发现奥秘。

♡伟大的理想只有经过忘我的工作，不畏牺牲，不怕困难，不屈不挠，最终才能胜利地实现。

♡一个人如果只是过一天算一天，什么希望也没有，他的生命实际上也就停止了。

♡智者因希望而能忍受人生的任何痛苦。

♡信用是企业的财富，竞争是企业的生命。

♡竞争能充分地发挥潜能。

♡恒心是达到目的的最近通道。

♡不管别人怎样的嘲弄，只要下定决心，默默地坚持到底，换来的是别人的羡慕。

♡要看日出必须守到拂晓。

♡一个人如果做事没有恒心，他是任何事也做不成的。

♡金钱永远不能征服人，文化才具备征服的力量。

♡信心是命运的主宰，信心产生力量，而力量是胜利之母。它使一个人得以征服他相信可以征服的东西。

♡先相信自己，别人才会相信你。

♡有信心的人，可以化渺小为伟大，化平庸为神奇。

♡自信是成功的第一秘诀。

♡人只要有一种信念，有所追求，什么艰苦都能忍受，什么环境都能适应，就能创造奇迹。

♡理智是最高的才能，但必须克服感情，才可能获胜。

♡理智就是根据事物的奥妙关系及其变化，做出相应的办法和措施，使事物朝着有利于自己并向好的方向发展，达到预期目的。

♡从洞察、知识、明辨中分析得出道理的人，才是有理智的人。

♡服从理智就能征服一切。

♡自知之明是最难得的知识。

♡世界上最难的就是认识自己。

♡人不可有傲气，但不可无傲骨。

♡人格是承担理想的主体，也是实现理想的结果。

♡伟大的人格产生伟大的热情。

♡圆满的人格应是德、智、力的有机结合。

♡做人要有人格，做官要有官德，做事要有本事。

♡有伟大的品格，才有伟大的人。

♡品格决定人生，它比天资更重要。

♡完美的人格，高尚的品德，是从实际生活锻炼出来的。

♡做一件好事不难，难的是养成一种做好事的习惯。

♡诚实工作，才能有所作为。

♡伟人能把多少代人难以实现的梦想变成现实，或指明道路，成为永恒的真理。

♡思想是真正的财富。

♡信心，让路障变成动力，变成垫脚石。

♡智慧是高尚职业的利剑。

♡智慧在日常生活中，也会闪闪发光。

♡智慧在心中。

♡有意才能发现智慧。

♡不停耕耘，日复一日，必有所获。

♡天才出于勤奋与思考。

♡人应当像蚯蚓那样，永远辛劳地耕耘，用自己的心血把结硬的泥土变成松软的沃土，供人们享用。

♡以钉钉子精神抓好改革落实。

♡人生坎坷是阶梯，福悬当头，祸踩脚下！

♡成也罢，败也罢，莫以成败论高下。

♡尽力奋斗是英雄，成也潇洒，败也潇洒；笑口常开大智慧，苦也哈哈，乐也哈哈。

♡昨天，删去；今天，留着；明天，争取。

♡事业是一点一滴干出来的，道路是一步一个脚印走出来的。

第四篇

目标·心态·成就

　　宝剑锋从磨砺出，梅花香自苦寒来。无数人生成功的事实表明，青少年时代，有着目标追求就意味着选择通向收获的人生大道；达到目标，不是一朝一夕的工夫，也不是一两年就可以实现，只有调整好心态，不怕千难万险，才能收获目标，成就人生。

　　习近平总书记指出："人生的扣子从一开始就要扣好。"如果第一粒扣子扣错了，剩余的扣子都会扣错。人生的扣子无法重来，青少年时期就要选好目标，扣上、扣好、扣正第一颗纽扣。目标，是人生的一块基石，也是命运的一道闸门。

　　每个青少年都要牢记习总书记的谆谆教导，正确扣好人生的第一粒扣子。选定目标，勤奋学习，明辨是非，严于律己，诚实做人，老实做事，书写无愧于时代、社会、人民的壮丽人生。

　　富贵不能淫，贫贱不能移，威武不能屈。

——孟　子

海纳百川，有容乃大；壁立千仞，无欲则刚。

——林则徐

君子藏器于身，待时而动。

——《周易》

非淡泊无以明志，非宁静无以致远。

——诸葛亮

立志不坚，终不济事。

——朱 熹

古之成大事者，不惟有超世之才，亦必有坚忍不拔之志。

——苏 轼

坚其志，苦其心，劳其力，事无大小，必有所成。

——曾国藩

身如逆流船，心比铁石坚。望父全儿志，至死不怕难。

——李时珍

不经一番寒彻骨，怎得梅花扑鼻香。

——黄 蘗

未有不立志之人，便能做得事业。

——戚继光

丈夫志四海，我愿不知老。

——陶渊明

志之难也，不在胜人，在自胜。

——韩　非

凡有血气，皆有争心。

——《左传》

视其所以，观其所由，察其所安，人焉廋哉？人焉廋哉？

——孔　子

不自见，故明；不自是，故彰；不自伐，故有功；不自矜，故长。

——老　子

其为气也，至大至刚，以直养而无害，则塞于天地之间。

——孟　子

人何以知道？曰，心。心何以知？曰，虚壹而静。

——荀　子

成大事者，不恤小耻；立大功者，不拘小谅。

——《东周列国志》

建大业者不拘小节。

——《三国志》

莫以善小而不为，莫以恶小而为之。

——刘备

天行健，君子以自强不息。

——《周易》

♡人活着没有任何目标，就像河中的一棵小草，随波逐流永远不能长高；就像没有罗盘的船，随风改变航向或可能翻船。

♡立志是事业的大门，工作随志向走，成功随工作来。

♡在日常生活中，把每一件小事都和确立的远大目标联系起来，经过不断积累，可以化平庸为神奇，化渺小为伟大。

♡成才之路：自信、自立、自强。

♡奋斗目标伟大，志向务必远大，动力必定更大。

♡人生真正的快乐是致力于一个自己认为是伟大的真善美的人类崇高目标。

♡潜力发挥的程度，决定于一个人面前所展示的目标，决定于一个人接近目标的程度。

♡达到理想的目标，不在于我们在何处，而在于我们朝着什么方向走。

♡有心者，没人激励，也要达成目标。

♡心中有目标的人，会成为创造历史的人；心中没有目标的人，只能是个平庸的人。

♡目标，能唤醒人，能调动人，能塑造人，目标的伟力是难以估量的。

♡有了目标，内心的力量才会找到归宿。

♡目标是成功的生命线。

♡目标使人们产生事前谋划的动力。

♡目标给予人们把握现在的力量。

♡切实可行的才是目标。

♡人生犹如浮在水面上的泡沫一般，许多人就这样轻浮地过了一生。这些人并非缺乏力量，而是没有立定一个人生目标。

♡一个人确实了解他自己所要过的是什么生活和他所要追求的目标到底是什么之后，他才会觉得他的生命充实和有意义。

♡成功源自于目标，必须认真仔细地规划自己的人生目标，并努力去实现它！

♡灵魂如果没有确定的目标，就会丧失自己。

♡目标愈高，动力越大。

♡目标愈大愈好，这样，在未成功之前，就会严于律己，时时警惕自己不要懒散，永远向前。

♡确立和公开目标，点燃热情而自绝后路，然后怀着必胜的信心，磨炼意志，义无反顾，朝着既定的目标拼命努力，必有成就。

♡生活要有目标：一辈子的目标，一年的目标，一个月的目标，一天的目标，一个小时的目标。大目标中有小目标，为大目标而牺牲小目标，一个目标达成后立下另一个目标。

♡人生的真正意义，在于追求崇高的目标，在于致力于一个自己认为是伟大的事业。

♡人就这一辈子，要有自己的目标和追求。

♡有雄心壮志并终身百折不回努力奋斗的人，才能有所建树。

♡目标是生命的一部分。

♡海洋大，天空更大，人心最大。

♡楼上有楼，山上有山，天上有天，人上有人。

♡青春最宝贵，但容易消逝。

♡人世间，有一种人能保持永远的青春，他便是伟大的人。

♡人不能等待机会，而要善于抓住机会，更要努力创造机会。

♡在成名的道路上，流的是鲜血，他们的名字是用生命写成的。

♡你想赢得世界，必先赢得自己。

♡立志要如山，如山才能矢志不渝；行道要如水，如水才能曲达畅流。

♡人身上的潜力是巨大的。

♡黑夜再黑，白天总会到来；寒冬再寒，春天总会到来；难事再难，成功总会到来。

♡生命是短暂的，勇于进取者永远长生。

♡我们应该有这样的心胸和气概。用笑脸来迎接悲惨的厄运；用百倍的勇气来应对一切的不幸。

♡倒下了再站起来，永不言败。

♡艰难困苦，坦然面对，检验人格。

♡矢志不渝，磨炼意志。

♡应付自如，锻炼人才。

♡苦难对人是最好的试金石。

♡苦难造就伟人。

♡苦难对于伟人是一笔财富，对于懦夫是万丈深渊。

♡有志气的人发一次誓，终身坚持；没有志气的人天天发誓，终无所事事。

♡世间万物，为我所用，非我所有。

♡施比受更有福。

♡人的真正价值，在于奉献与牺牲。

♡事无难易，唯心坚忍可成矣！

♡学问以勤习为入门，智慧以思索为入室，精神以醒悟为入堂。

♡深山里的花儿，没人欣赏，也要芬芳；是雄鹰，没人鼓掌，也要飞翔；是小草，没人心疼，也要成长。

♡过去的价值不代表未来的地位，所以每天都要努力。

♡千里之航，始于足下。说得千里路，不如走一步。

♡毅力，是远航船的帆。有了帆，船就可以到达成功的彼岸。

♡只有启程，才会到达理想和目的地；只有拼搏，才会获得辉煌的成功；只有播种，才会有收获；只有追求，才会品味堂堂正正的人生。

♡人生容易走的都是下坡路。如果你正在走上坡路，很辛苦，坚持住，走上去，你一定会到达山顶，无限风光在险峰。

♡命，是失败者的借口，是懦弱的表现；运，是努力，是成功者的谦词。我们不信命，信运。

♡逆境是成长必经的过程。要勇于接受逆境，生命才能日渐茁壮。

♡人生是一部不断与自己战斗的连续剧。

♡凡事，忍一口气，风平浪静；退一步想，海阔天空。

♡收获必先耕耘，成功须靠努力，付出才能获得，贡献才受尊重。

♡知识是工具，智慧使用知识，产生力量。

♡金钱买得到书本，但买不到智慧。

♡把工作当成一种享受，工作就会给你带来智慧、成就和荣誉。

♡成功之人，需有八十岁的智慧、二十岁的干劲和五十岁的稳重。

♡成功的秘密是忠于目标。

♡人活得累，是因为放不下架子、撕不开面子、解不开情结。

♡人生的财富，不是你拥有多少货币，多少不动产；而是你帮了多少人，影响了多少人，在你离开这个世界时还有多少人怀念你。

♡不为失败找理由，要为成功找方法。

♡常识往往比知识更加重要。

♡圆通是随机应变，圆滑则是投机取巧。

♡做大事的人，要具备同时处理多件事情的能力。

♡大意留祸根。

♡得到机会后，要更加小心谨慎，因为往后的路更难走。

♡请别人帮忙，就要站在对方的立场来考虑问题。

♡处逆境容易，因为小心；处顺境很难，难免大意。

♡做该做的事。

♡借力使力。

♡信用是自己坚持出来的。

♡做事情前花时间认真思考，做很周全的盘算，然后才出手，谋定而后动。

♡商业竞争的成败，最终决定在经营者本身的修养上。

♡同样一块石头，可以是绊脚石，也可以是垫脚石。

♡钱财是人生面对的第一块石头。

♡你比别人优秀，就可能遭受攻击，此时要格外小心。

♡把工作当成负担，它就是绊脚石；把工作当成责任，它就是垫脚石。

♡人要替自己的所作所为，担负全部责任。

♡当你得到一样东西的同时，你也会失去其他东西。

♡人生要随着自己的发展，不断地进行阶段性的调整。

♡古今中外只有一条规律：所有的人都要自作自受。

♡与其早成功，不如晚成功；与其晚失败，不如早失败。

♡不要求全，生活应知足，只有守分才会知足。

♡心底无私天地宽。

♡但凡把钱看得重于一切的人，其个人的品质一定有问题。

♡只有在宁静中过滤是非，才会彻悟人生。

♡万事万物都讲究个度。

♡过犹不及，就算勤奋、勤劳完全是优良的品质和生活习惯，也要有个度。

♡发愤图强的"忍"，才是有价值的"忍"。

♡应学会培养实力、保存实力、发展实力的"忍"。

♡解决问题的根本之道，是把希望寄托在自己身上。

♡可以不识字，不能不识人。

♡绝不轻率地拒绝帮助，更不能轻易地拒绝机会。

♡想办成大事，最为重要的是要有黄金搭档。

♡打击，可以毁灭庸人。而豪杰之士，则在打击中百炼成钢。

♡一个人如果缺少适度的弹性、适度的退守、适度的淡泊，也不会成为大才。

♡人生要学会做减法，一个完满的人生、幸福的人生，不是看你有了什么，更多的是看你没有了什么。

♡生而为人，必须有所担当。

♡知天命，使我们有敬畏心，还赋予我们进取心。

♡能与天地晤对，才是人生的大境界！

♡强大的人，不怕风言风语、冷嘲热讽。

♡强大的人，必是宽大的人。

♡快乐，是一种能力。

♡不要因小事垂头丧气。

♡成熟，从勇于担当开始。

♡困难不等于不幸。

♡你就是唯一。

♡了解并喜欢自己。

♡坚持自我本色。

♡不要做令人讨厌的人。

♡先使自己让人喜欢。

♡做自己情绪的主人。

♡把愤怒掌握在自己手中。

♡有目标的人生会更加精彩。

♡把大段的路分割成小段。

♡全身心做一件事。

♡及早规划自己的人生生涯。

♡忧虑的人一定要让自己沉浸在工作里，否则只有在绝望中挣扎。

♡集众人的才智，并以和谐的态度迈进目标，则能成就伟大事业。

♡不断修正自己的目标，才能立于不败之地。

♡疲劳多是心理影响的结果。

♡忧虑、紧张和情绪不安，是导致疲劳的三大原因。

♡热情，人格的原动力。

♡热情是成功的最大秘诀。

♡培养一个人勇气和自信的最好方法，是让他在大众面前开口说话。

♡只要没有污点，就不怕被人打击。

♡是真英雄，自然会临危不惧；是真豪杰，自然会百折不挠。

♡敢说实话，还要妙说实话。

♡妙言成趣，气场强大。

♡幽默是谈话的亮点。

♡幽默也要高雅。

♡微笑是最动听的语言。

♡用温和的讨论代替争吵。

♡口才可以很笨，"耳才"一定要好。

♡点到为止，含蓄批评。

♡真话，绕个弯效果更好。

♡话不说绝，留有余地。

♡勇于认错，真诚道歉。

♡圆场的智慧：也给别人找个台阶。

♡自我批评，展现风度。

♡说话要有原则，不随波逐流。

♡抓住本质说话。

♡带着激情的理智。

♡手段的选择必须服从于目的。

♡脚踏地上，眼看前方，心想远方。

♡建立自我，追求忘我。

♡世界上没有优秀的理念，只有脚踏实地的结果。

♡重大突破，才能有所成就。

♡目标不落实，就是空话。

♡胸怀是委屈撑大的。

♡聪明是智者的天敌。

♡傻瓜用嘴讲话，聪明人用脑袋讲话，智人用心讲话。

♡积极的心态能唤醒人的潜力。

♡一念之差导致天壤之别。

♡智者在绝望中寻找希望。

♡改变人生从改变性格开始。

♡坚持就能成功。

♡选择大于努力。

♡选择总在努力之前。

♡自重似泰山。

♡忘乎所以，往往会失去得以忘乎所以的东西。

♡一生中会有许多坎坷和失败，要坚定地迎向命运，时刻准备还击。

♡人生走错了路不要自暴自弃，把身躯化成一支笔，倒在哪个地方，就在那个地方另起一行。

♡宽容一点，给自己留下一片海阔天空。

♡若不想做，总会找到借口；若想做，总会找到方法。

♡沙子是废物，水泥也是废物，但它们混在一起是混凝土，就是精品。跟谁混，很重要。

♡世界上的事情，最忌讳的就是十全十美，凡事总要稍留欠缺，才能持恒。

♡你有感觉，在乎，痛过，落泪了，说明你是完整得不能再完整的一个人。

♡忍，不但是力量，而且是智慧。

♡人生要从积极面，向上、向前、向好去发展。不要朝负面"不可""不行""不能"去想，那是成不了事的。

♡生活就是这样，别人只看结果，自己独撑过程。有时你会觉得莫名的累，身累！心累！但所有的累只能一笑而过。

♡尽心为，努力做，汗水换来金银垛。勤劳致富财运久，巧取豪夺必招祸。

♡靠山山会倒，靠人人会跑，只有靠自己最可靠。

♡别左顾右盼，莫贪多求快，找一条适合自己走的路。

♡一个人的知识，通过学习可以得到；一个人的成长，通过不断的磨炼才能成熟。

♡人生要活得有价值，必须经得起打磨，耐得住寂寞，扛得起责任，负得起使命。

♡看见别人辉煌的时候，不要忌妒，因为别人付出的比你多。

♡努力过，尽心了，无论结果是否达到理想都不重要。

♡不拼不搏，人生白活；不苦不累，生活无味；再苦再累，也要坚持；拼搏坚持，要爱自己。

♡高调做事你会一次比一次优秀；低调做人你会一次比一次稳健。

♡失败的时候不要忘记还有未来；成功的时候不要忘记过去。

♡要做一个有所作为的人，必须有一个坚定的目标，多交能使自己成长的朋友，正面思维，勤奋坚忍，永远向前。

♡只要你自己真正撑起来了，别人无论如何是压不垮你的，内心的强大才是真正的强大。

♡人生的许多无奈，需要以平和的心态正确对待，才能从困惑中挣脱出来。

♡人生只有经受住挫折，才不至于活得太难；只有承受住改变，才不至于压力太大。

♡人最应警惕的是，不要让好事冲昏了头脑，也不要让坏事吓昏了头脑。

♡有进有退，也是生活中的一种和谐。

♡真的，才是善的；真的，才是美的。和谐的人生，应当是真实的人生。

♡人应当用高尚品德稳稳地驾驭自己的名利之心。

♡梅花香自苦寒来，成功伴随艰苦至。

♡你要成功，必须具有高尚品德和良好才能，并将两者和谐地统一起来。

♡满足对青年人来说要审慎把握。生命不息，欲望不止，满足是欲望的敌人。

♡满足容易磨灭人的思想锋芒，窒息人的奋斗精神，扼杀人的无尽向往。进取永不满足。

♡人生的答卷，要从懂事开始做起，活到老做到老。

♡文章的结论多写在末尾，人生的答卷更看重的是你的晚节。

♡一个真正有所作为的人，应该是既能在顺境中生活，也能在逆境中成长的人。

♡逆境是一所造就人才的学校，在逆境中可以学到在顺境中学不到的东西。

♡要成功，就决不要惧怕失败。

♡跌倒了爬起来，就是一种成功。

♡你要有所作为，就务必学会沉默。

♡运气只是成功的一个偶然的因素，个人的努力才是创造事业的最基本而又长期的条件。

♡当一个新事物出现，只有5%的人知道时，赶紧做，这就是机会，做早就是先机。

♡勤奋虽说不再是事业发展的唯一因素，但仍旧是其中非常重要的一点。

♡向成功开拔：表现要谦虚，内心要高傲。

♡天下古今之庸人，皆以一惰字致败；天下古今之才人，皆以一傲字致败。

♡古今中外凡是成大事者，心如猛虎，细嗅蔷薇。

♡做敢于走前人没有走过的自己喜欢的路的拓荒者，让人家去说三道四吧！

♡困惑的时候，换个角度去思考；自卑的时候，换个想法去对待。

♡做人，人品为先；做事，明理为要。

♡人生要学会不抱怨，不等待，不盲从。

♡自己相信自己，然后别人才会相信你。

♡生命要用行动衡量，而不是以时间来衡量。

♡使一个人的有限的生命更加光彩耀人，就等于延长了人的生命。

♡小的机遇有时是伟大事业的开端。

♡一个人能否成功，固然要靠天才，更要靠努力。

♡善于发现时机，把握时机，又有尝试的勇气就更能成就一个人的成功。

♡机遇喜欢强者，因为强者做好了一切准备。

♡人生的道路不会是平坦的，常常是荆棘丛生的崎岖小路，坚持吧！光明就在前面。

♡不后悔过去，奋斗现在。

♡人生就像马拉松赛跑，坚持到最后，才能称为胜利者。

♡人民的英雄，是在黑暗的夜里燃起火炬，给人民照亮道路，走向黎明。

♡艺术是表达思想的一种工具，是一种享受。

♡文学是战斗的事业、生命的表现、精神的食粮。

♡天空的乌云遮不住太阳，漫长的黑暗之后总会见黎明，困难面前的不屈不挠必见曙光。

♡什么是路？路是从没路的地方踏出来的，是从荆棘丛林中开辟出来的。

♡路就在我们的脚下。

♡顽强的意志可以征服世界上的任何一座山峰。

♡健康是我们的生命。没有健康就没有一切，等于生而不活。

♡要有所成就必须抱乐观主义态度，乐观主义是精神的激活剂。是用积极的精神向前奋进，去战胜愁虑逆境；是以泰然的心态对待一切复杂情况。

♡真正的自由在孤独中诞生。

♡你的责任就是你的方向，你的经历就是你的资本，你的性格就是你的命运。

♡你所做的事情，也许暂时看不到成功，但不要灰心，你不是没有成长，而是在扎根。

♡观今宜鉴古，无古不成今。

♡人会享受寂寞，就可以了解人生，能体会到人生更高远的一层境界。

♡先生不仅是教书，他的责任是教人育人；学生不仅是读书，他的责任是学习人生之道。

♡命运自己决定，生活自己负责，行为自己选择。

♡真正的创造就意味着献身。他必须吃别人受不了的苦头；冒别人不愿意冒的风险；舍弃别人不甘舍弃的安逸；承担别人不敢承担的责任。

♡高尚、牺牲、伟大的代价就是责任。

♡"我负责"是人类存在最重要的本质。

♡人存在的基本信条，必须有责任心。

♡成功的意义应该是发挥了自己的才智，尽了自己的努力之后，所感到的一种无愧于心的乐趣。

♡谁的意志力量最能推动自己，谁就最先得到成功。

♡逆境使天才脱颖而出，逆境塑造伟大，逆境创造奇迹。

♡人类学习走路，必得尝试摔跤，只有经过摔跤才能学会走路。

♡滴水穿石不是靠力，而是不舍昼夜。

♡没有伟大的意志力，不能有雄才大略，更不能有伟大的人物。

♡不顾自己的身家名誉，而去维护真理的人，才是真正的勇者。

♡失去财产，只失去一点儿；失去荣誉，就丢掉许多；失掉勇敢，一切都失掉。

♡英勇是一种力量，是心灵和灵魂的力量，它存在于我们自身之中。

♡勇气需要希望来滋养。

♡应该有尝试的勇气，不应畏惧风险而停滞不前。

♡勇气通往天堂，是黑夜中的光芒，是压力下的弹簧，是逆境中的报喜鸟。

♡勇敢的人的前面必有路！

♡一般地说，一个被别人欣赏的人，必定是一个出色的人。

♡自己走出来的路，永远留下自己的脚印。

♡风格是心灵的外在表现，是一个人可靠的性格标志。

♡人们生而平等，但个性各有千秋。

♡人一生的生活既要实现自己的个性，又要超越自己的个性。

♡富于孩子气的性格行动时充满活力。

♡性格在狂风暴雨中最易形成，天才在孤独寂寞中最易培养。

♡伟大的人不仅是能够改变物质的人，更是能够改变自己心境的人。

♡人最重要的，就是认识自己的个性，不断完善，并加以发展。

♡每个人都应该坚定地走自己开辟的道路。

♡天才的人，他具有超人的性格，决不遵循通常人的思想和途径。

♡对于人来说，能够导致绝对满足的是自我个性的实现。

♡真正有才能的人会摸索出适合自己发展的道路。

♡专心致志是个性的重要基础，也是才干实现的重要形式。

♡上进，即百尺竿头更进一步。它不是追求有更高更多的职位和名利，而是自我得到了充实、提高和完善。

♡进取是人生的要务。

♡自暴自弃是一条永远腐蚀和啃啮着心灵的毒蛇，它吸取心灵和新鲜的血液，你不灭掉它，它就吞食你。

♡大海凭鱼跃，长空任鸟飞。

♡没有绝望的处境，只有对处境绝望的人。

♡人还是靠自己。心平气和地接受失败，大方、大气，不放弃！

♡学会吃亏、包容、知足、感恩，就能胸怀大众，心中常乐。

♡潇洒和豁达是人生一种很重要的态度。

♡无论做什么事，都不要着急，不要浮躁。

♡麦子低着头的穗大，仰着头的穗小。

♡懂得无知，才是进步的开始。

♡谦虚与伟大是近邻。

♡虚心是知不足。

♡成功的基本条件是真正的虚心。

♡我们要看得远，应该而且必须站在巨人们的肩上。

♡骄傲自大毁灭英才和天才。

♡伟大的人物都是淳朴而谦虚的。

♡到了山穷水尽的地步，更可以看出一个人的本质。一种是灰心丧气，懦弱退却，选择放弃；一种是想尽办法，积极应变，雄心再起，迎接柳暗花明。

♡懦夫永远建立不起胜利的丰碑。

♡你是懦夫，你是你自己最大的敌人。

♡克服恐惧最好的办法是：面对内心所恐惧的事情，大胆勇往直前去做，直到成功为止。

♡幸福绝不会授给胆小鬼。勇敢的人要去冒险，以冒险为乐，从而获得幸福。

♡人生的高度主要是你看轻了多少事。

♡生活的不断磨炼，使人能透过平凡琐细的表象，而有所发现。

♡人须立志，志立则功成。天下古今之能人，未有无志而建功者。

♡从事一项工作，朝着一定目标走去是"志"，一鼓作气全力以赴是"气"，两者合起来就是"志气"。有志气，事情就会成功。

♡伟大或渺小皆在其人之志。

♡一个人只要有足够的"志气"，不改变自己的初心，在自己认为最适合的事情上面去奋斗，去努力，自然会有成功的一天。

♡志向是天才的幼苗，经过精心的培育，经过风雨的洗礼，必将成长为参天大树。

♡必须在奋斗中求生存，求发展，求价值，求成功。

♡古往今来，凡对人类有所作为，无不是脚踏实地、艰苦登攀的结果。

♡成大事不在于力量的大小，而在于你坚持多久。

♡耐性乃智慧之友。

♡耐性是对付一切困难的最好药物。

♡一个人能用理性支配金钱，这对于他是荣耀，对于别人也有益处。

♡人生最本质的财富，是你自己。你自己就是一座巨大的矿藏，只要开发，就能有无穷的潜力。

♡财富不应当是生命的目的，它只是生活的工具。

♡人无钱不能生活，但人不能为钱而玩命。

♡乐观的人，先战胜自己，然后战胜生活；悲观的人，先被自己打倒，然后才被生活打败。

♡乐观是希望的灯塔，它指引我们从危险峡谷中步向坦途，使我们获得新的生命，新的希望。

♡真正的快乐，是对生活的乐观，对工作的愉快，对事业的热心，对人生的憧憬。

♡快乐是从艰苦中来的。只有经过劳作，经过奋斗得来的快乐，才是真快乐。

♡把自己心里的阳光散布到别人的心里，自己快乐，别人也快乐。

♡成功的自省很有必要。

♡自尊心是一个人灵魂中的伟大杠杆。

♡没有热情就不会有伟大的人物，不会有美好的社会，不会有伟大的人类。

♡有了热情，任何伟大的事业都会成功。

♡热情是普遍的人性，具有极大的价值，没有热情便没有一切。

♡要取得出类拔萃的成就，十分需要在思想感情上有热情奔放的动机。

♡一个人不必要行走在高原大漠，但内心一定要海阔天空。

♡一个人的人格应该"至大至刚"，要宽大且要坚定。

♡一个人的胸怀能容得多少人，才能赢得多少人。

♡人可以超脱时代和社会，走自己正确的道路。

♡钢铁无所畏惧，因为它在烈火中烧炼出来；钢铁格外坚硬，因为它从急剧冷却中锻炼出来。

♡凡是坚强、正直、勇敢、仁慈的人，都是英雄。

♡做好人容易，做正直的人却难。

♡做圣人，是特殊的情形；做正直的人，却是为人的正轨。

♡正直的人，必须把灵魂的高尚与精神的明智结合起来。

♡建立良好信誉，是价值无限的资产。

♡诚实增加信誉。

♡信誉是成功的条件。

♡自己诚实，才能要求别人诚实。

♡信用和金钱是人生的杠杆。

♡信用是力量，也是财富。

♡信人也要信己。

♡人人有信才能使自己和他人的独立自尊得以实现。

♡有信用不一定有钱，但有钱一定要有信用。

♡自己节俭，对别人慷慨。

♡处理事情以他人利益为出发点。

♡节俭是美德，是艺术。

♡节俭使人享用生活。

♡善良是一种智慧，是一种远见，是一种自信，是一种精神力量，是一种文化。

♡单纯、善良和真实铸就伟大。

♡善良的根须和根源，在于建设，在于创造，在于确立和美。

♡海洋宽阔，比海洋更宽阔的是天空，比天空更宽阔的是人的胸怀。

♡相互宽容，天地广阔。

♡人们的坚强的捍卫者——良心。

♡发明创造都是独立思考这种独创精神的充分发挥。

♡社会没有创造就不能发展。

♡人能独立思考，其力量无边。

♡劳动就是把思想变为现实。

♡冷静和沉思一般会使我们性情中内含的某些成分更清楚地显露出来。

♡人才是在实现自我。

♡衡量人的价值，在于成就的多少，不在于职位高下或金钱的多少。

♡人才是最难得的一种资源。

♡要善于发现人才，培养人才，更要重用人才。

♡才华在实践中成长。

♡人才必须经过学习钻研，艰苦磨炼，在实际中造就。

♡才能靠知识滋养才有力量。

♡良好的健康和旺盛的精力，是精神和意志的重要源泉。

♡走路是脑力劳动者生理活动的最好方式。

♡活着，要奋斗，就要担起责任。

♡人生路上布满荆棘。

♡只要功夫深，铁杵磨成针。

♡机遇如清水，无处不可流；机遇似月光，有隙皆可存。

♡积累是一种生活态度和生活方式。

♡积累，积累知识、经验、智慧、思想和生活。

♡成功＝专心＋恒心＋方法。

♡人都是逼出来的。

♡有压力才会有动力。

♡穷则思变。

♡英雄造时世。

♡做害怕的事，害怕自然消失。

♡做喜欢的事，喜欢更喜欢。

♡一个人的本质，看他失败后的表现。

♡水往低处流，人往低处走，好往坏处想。

♡越高级越简单；越真理越明了。

♡注意成功三件：找对平台、交对朋友、跟对贵人。

♡好的平台，会有充分施展才智的空间。

♡要成功，眼光放远。不懊恼，不沮丧，不看一时一事。

♡加大人生视野，相信天无绝人之路。不自怨自艾，不怨天尤人，永远乐观奋斗。

♡借人之智，完善自我。

♡学最好的别人，做最好的自己！

♡扬长避短，实现自身价值最大化。

♡人可以失败，但不能自甘平庸。

♡人要有责任感。对事业或家庭，对父母妻子或朋友兄弟，都不要自私自利，要担起自己的职责。

♡要勤奋果敢，觉得对的事情就下决心努力做好。

♡想成功，须经得起磨难，受得了打击。

♡生命在，失败还能再来。

♡成熟的人，对家人、爱人、朋友，甚至陌生人都很温柔。

♡成熟的人，对事情、困难、挫折、冷嘲热讽毫无惧意，顶天立地，淡定从容。

♡想出人头地，下班的铃声是你工作的开始。

♡苦难对于天才是财富。

♡苦难对于能干者是垫脚石。

♡苦难对于懦弱者是万丈深渊。

♡荣誉来自血汗。

♡智慧对于生活，无处不在，无时不有。

♡聪明和才智决定荣辱。

♡智慧可以创造奇迹。

♡先从自己的内心开始奋斗，才会是有价值的人。

♡积极的人在忧患中看到机会；消极的人在机会中看到忧患。

♡有才有德，德才兼备，让人敬服。

♡机智和勇敢降服压力与危机。

♡生命在消短，付出的代价要提高，工作要更积极。

♡人生一条路，选择成长，拒绝放弃。

♡登高望远。

♡谋划周详，成功率大。

♡困难成就辉煌。

♡狂傲自负不会是智者。

♡玩弄才智会玩火自焚。

♡自己打败自己，可悲；自己战胜自己，可贵。

♡信念操纵人生。

♡进取，有时就在受挫后。

♡人生最难提高的是素质；人生最难改变的是习惯；人生最难做好的是细节；人生最难把握的是机遇；人生最难实现的是理想。

♡人生在世，要有胆识和智慧，才能潇洒。

♡没有激情，任何伟业都不可能善始；没有理智，任何壮举都不可能善终。

♡身体的活力能够带来精神的活力。

♡身体好的人，性格阳光。

♡人生是一条有无限多路口的长路，人永远在不停地做选择。

♡我，是一切的根源。

♡日久不一定生情，但一定能够见人心。

♡人生本是逆水行舟，何须愁肠百转，自怨自艾。

♡失败后无须气馁，卧薪尝胆，以图东山再起。

♡遇不公事、不平事、委屈事，听之、任之、随之，顺其自然。

♡听逆言、谗言、妄言，不思、不想、不念，一笑置之。

♡人杰在悟，悟透人生则杰。

♡人生苦短，唯其心志长久。

♡人有冲天之志，非运不能自通。

♡天不得时，日月无光；地不得时，草木不生；水不得时，风浪不平；人不得时，利运不通。

♡仰看穹天漫漫，俯视碧海潮生，坐观潮起潮落，笑傲人生百态。

♡成功者用希望之光照亮自己的旅途，用忍耐之火烧净了那些荆棘。

♡成功从失败中站起来。

♡成功是智慧、慈悲、宽容、爱心的集中体现。

♡人生的成功，主要看自己是否真正发动起来，且花力气去工作。

♡成功的标志之一，即在迈向成功的过程中，到底克服了多少困难和障碍。

♡成功依靠才智的发挥。

♡善于发挥才智，享受成功喜悦。

♡成功孕育着新的成功。

♡小成功是大成功的阶梯。

♡做成功一件事，不要等着享受荣誉。

♡初步成功只是巨大成功的开始。

♡伟大的成就，都是战胜了看来不可能的事情而取得的。

♡人生要豁然开朗，必须淡泊处世，泰然处事，不受世俗侵扰。

♡天道酬勤。

♡皇天不负有心人。

♡绳锯木断，水滴石穿。

♡成功时不要骄傲，虚怀若谷，方能百尺竿头，更进一步。

第五篇

道德·修养·爱心

　　道德是人类文明的基石，是公民的价值追求，也是社会进步的重要标尺。道德的发展是追求真善美，也就是爱心、爱自然、爱社会、爱每个人、爱自己。它最能打动人、感化人，需要长期的艰苦的修养过程。

　　追求爱心，志在修心；拥抱爱心，贵在养心；成就爱心，重在恒心。人生路上，有喜悦、有忧愁、有悲伤、有迷茫、有冷落……不管什么时候，各种形式的侵扰，都是生活的一道道风景，只要人民永远在心中，都将转化为人生的财富。

　　逝水流年，不舍昼夜。我们要驾驭好自己的生命之舟，要让道德之树尽情地绽放出美妙动人的绚丽之花，生命之舟也将会更加诱人、可爱和灿烂。

　　良贾深藏若虚，君子盛德，容貌若愚。

——老　子

静为躁君。

——《道德经》

静而后能安，安而后能虑，虑而后能得。

——《大学》

人而无信，不知其可也。大车无輗，小车无軏，其何以行之哉？

——《论语》

夫君子之行，静以修身，俭以养德。

——诸葛亮

己所不欲，勿施于人。

——《论语》

人有欲，则无刚，刚则不屈于欲。

——朱　熹

事随心，心随欲。欲无度者，其心无度。心无度者，则其所为不可知矣。

——《吕氏春秋》

同欲者相憎，同忧者相亲。

——《战国策》

养心莫善于寡欲。

——《孟子》

饮食男女，人之大欲存焉；死亡贫苦，人之大恶存焉。

——《礼记》

衣不求华，食不厌疏。

——王安石

见人恶，即内省；有则改，无加警。

——《弟子规》

见善，修然必以自存也；见不善，愀然必以自省也。

——荀子

见善则迁，有过则改。

——《周易》

人以铜为镜，可以正衣冠；以古为镜，可以知兴替；以人为镜，可以明得失。

——李世民

唯以改过为能，不以无过为贵。

——《资治通鉴》

自家有过，人说要听；当局者迷，旁观者醒。

——《养正遗规》

夫仁者，己欲立而立人，己欲达而达人。能近取譬，可谓仁之方也已。

——孔 子

君子求诸己，小人求诸人。

——孔 子

江海之所以能为百谷王者，以其善下之。

——老 子

上善若水。水善利万物而不争，处众人之所恶，故几于道。

——老 子

善人者，不善人之师；不善人者，善人之资。

——老 子

由仁义行，非行仁义也。

——孟 子

人不可以无耻，无耻之耻，无耻矣！

——孟 子

德胜才，谓之君子；才胜德，谓之小人。

——司马光

德不广不能使人来，量不宏不能使人安。

——刘　基

厚德载物。

——《周易》

吾爱吾师，吾更爱真理。

——亚里士多德

♡道德是衡量一个人真实存在的自己对待生活、对待周围世界的良心的尺度。

♡道德不是训令，不是禁令法典。

♡道德是我们能够给予别人、给予社会的最宝贵的礼物。

♡道德是一种无形的强大力量。

♡一个人要有精神支柱，才能主宰自己的命运。

♡有德行的人，是以他人幸福，以社会美好为目标的，属于高尚的人。

♡道德是社会摆脱剥削制度，建立平等社会的必不可少的力量。

♡道德是社会摆脱低俗，建立文明社会的重要力量。

♡道德促使社会从无知向自由发展。

♡人民是智慧、美德和善良的化身。

♡德性的社会就是人民的社会。

♡德性的社会真正热爱人民、为了人民、依靠人民。

♡美德将留传后世。

♡人的生命短暂，多做对社会有益的事，他的德行是永存的。

♡道德可以弥补智慧或知识的缺陷。

♡遇到问题，换位思考，多从别人的角度想。

♡为了他人的行为是高尚的道德。

♡我们的行动要力求维护道德准则，践行道德之道，弘扬道德之风。

♡死得伟大，才是真正有德性的人。

♡人生的快乐和幸福在于献身于比自身更伟大的事业。

♡人生的真正幸福在于追求真理，追求德性。

♡道德高尚的人为了信仰而活着。

♡希望就是生活，有德性的人生活在希望中。

♡人类最高的道德就是爱国心，祖国才能给我们无穷的力量。

♡道德的基础是对整体幸福的追求。

♡道德是一种在行为中形成正确合理的欲望的习惯。

♡道德是自制心和克己心，使自己的本能服从全体。

♡社会上的事业，要依靠道德才会成功。

♡道德是一切的根本。它保卫着法律，叫人不犯罪。

♡道德的人努力地了解自己。

♡德人分人之过，不分人之功。

♡德人不为诽谤或赞美动心。

♡力能折人于一时，德可服人于一世。

♡有德性的人不为面子而活。

♡勇敢必须受到道德的约束。

♡一个人品德基础良好，一生都会很稳固。

♡道德的起点是修养自己的身心，提高自己的精神境界。道德的最高理想和最后目标，是能够为人民带来幸福。

♡面对邪恶时有道德愤怒，面对善良遭到邪恶的侵害时有道德痛苦，这才是道德的最高境界。

♡做好人是道德人的义务。

♡道德只能保证我们成人，但不能保证我们成功。

♡道德能使我们在失败时仍然有精神，有尊严。

♡心灵的最高境界是安详。

♡道德与美和谐相融，是世上最完美的美。

♡道德是人生存的镇静剂。

♡美是人心灵的兴奋剂。

♡道德的种子很难生长，须有长时间准备，才能生根。

♡道德无关出身、地位或身份。

♡美德流芳百世，胜利是暂时的。

♡美德由日常的品行衡量。

♡优良的品德是内心真正的财富。

♡人生要追求根植于内心的、为别人着想的有道德的人生；人生要追求以约束为前提的、无须提醒的纯粹的人生。

♡做一个坦荡的人、真诚的人、善良的人、有尺度的人、有道德的人。

♡道德是人与动物相区别的本质特征。

♡道德品格的完善在于，把每一天都作为最后一天度过，既不对刺激做出猛烈的反应，也不麻木不仁或表现虚伪。

♡缘，因相互珍惜，才能地久天长；德，因相互礼让，才能体现善行；信，因相互真诚，才能锦上添花。

♡行善要及时，功德要持续。

♡最好的功德莫过于慈善心。

♡道德可以挽救一个家庭、一个人。

♡养德，要苦心志、乐意趣、宏气度、谨言行。

♡自我觉醒，自我奋进，持之以恒。

♡静坐常思己过，闲谈莫论人非。

♡勇于接受别人的批评，善于改正自己的缺点。

♡经常问问自己，我们活着为了什么？我们在追求什么？

♡心中的光明灯，光照四方。

♡修行就是修正自己的行为、思想、见解与念头，做个堂堂正正，俯仰无愧的人。

♡种树培其根，养德培其心。

♡养德是为了提升自己，而不是为了呵斥别人。

♡修心养性要有耐性，甘于淡泊，乐于寂寞。

♡淡泊、老实是人生的一种修养。

♡人的修养决定对于沉默的态度。

♡跟自己斗，提高自己的素质和修养。

♡修好自己心，立好自己德。

♡原谅是一种修养，一种风度。

♡修颗善心，做个好人。

♡善有善报，恶有恶报。

♡人格必须终生加强修养，靠自己努力。

♡人要获得尊严，必须加强内在品格的修养。

♡修养愈深，审美程度愈高。

♡生活中修行，修行更好地生活。

♡人修到了某种境界，人生的境界就展示到某一种程度。

♡修养对于心地，犹如食物之于身体。

♡缺乏教养，勇敢变成粗暴，学识变成迂腐。

♡没有修养，机智变成逗趣，温厚变成诌媚。

♡修身以寡欲为要，行己以恭俭为先。

♡自我批评是培养良心的学校。

♡反省是清澈的镜子，可以照见心灵上的污垢。

♡和自己的心进行斗争是很难堪的，但这种胜利标志着你是深思熟虑的人。

♡只有更多地更无情地解剖自己，才能解剖别人。

♡智慧和知识永远填补不了道德的缺陷。

♡换位思考能找到妥善处理问题的方法。

♡逆境中伸出友谊之手难能可贵。

♡背后，称赞我们的是良友；背后，诋毁我们的是心术不正之人。

♡面前，善意指出问题的是良友；面前，称赞我们的未必是善意的。

♡判断一个人要看他的行为，看他做事后的态度。

♡世上最难的是认识自己。

♡对自己认识不清楚，自己走的路就不一定正确。

♡先爱别人，才能得到别人的爱。

♡别人有难时伸出友谊之手，是人间的真爱。

♡人的价值存在于平凡中，且在平凡中升华。

♡一生做好事体现了一个人的全部人格，值得世人尊重。

♡事久见人心，路遥知马力。

♡自己做的事别人不知道的，最能反映一个人的品格。

♡顺境的美德是节制，逆境的美德是坚忍。

♡人有恩于我不能忘，我有恩于人不能念。

♡怨于我要忘，我的过要念。

♡生我、养我、育我，人人已为我；为社会工作，必须为人人、爱人人，为人人奉献。

♡人的价值决定的是追求真理的孜孜不倦的精神。

♡人生，最宝贵的是生命，最需要的是学习，最愉快的是工作，最重要的是给予。

♡对于人生的任何情况，道德崇高的人必然坦然面对，应付自如。

♡不道德的人，不求上进，是生活极为可悲的人。

♡善即利人的品德。

♡善的人就是"仁者"。

♡仁慈的人做仁慈的事，使善滋长，使恶消减。

♡饮水思源。

♡伟大的成就，来自于家庭的播种、社会的土壤、老师的浇灌。

♡虚心催人奋进，骄傲让人止步。

♡改变别人，必先改变自己。

♡常常反思自己。

♡有人就有是非，看你的态度。

♡伤人之语，如水覆地，难以挽回。

♡忌妒别人，仇视别人，等于把生命交给别人。

♡恨别人，痛苦自己。

♡律己严，待人宽。

♡征服世界，伟大；征服自己，更伟大。

♡让别人快乐，自己也快乐。

♡量大福大。

♡遇顺境淡然，遇逆境泰然。

♡狂风巨浪，训出好水手。

♡好人成人之美，不成人之恶。

♡做好个人卫生，尤其重要的是"心理卫生"。

♡发脾气是永远亏本的生意。

♡是非的原则是将心比心，设身处地想一想。

♡说话不夸己能，不扬人恶，自然化敌为友。

♡心能平等，共处和谐。

♡山不转路转，境不转心转。

♡知足者虽贫也富；不知足者虽富也贫。

♡兼容天下，成就自己。

♡善恶之间，只在一念。

♡忍辱多福。

♡贫亦是福。

♡一无所有，了无牵挂。

♡宁静淡泊，恬然自得。

♡做人坦坦荡荡，无须人人喜欢；做事尽心尽力，无须人人理解。

♡善是心中的契约。

♡面对现实，超越现实。

♡一草一木皆生命，当互相尊重。

♡世上万物的存在，是需要，是必然，应该尊重它们。

♡贪婪的火，灼伤你的良知；善仁的水，清凉你的心境。

♡大肚能容，容天下难容之事；笑口常开，笑天下可笑之人。

♡能辩不如能忍。

♡感恩心，舒畅。

♡仁慈化解仇恨。

♡苦口是良药；逆耳是忠言。

♡世上最可悲的，是背叛自己的良知。

♡真正的尊贵，是把自己压得低低的。

♡临难，见心之坚强；临财，见贪欲之节。

♡人生培养"两种功夫"：一种是本分，做人本分；一种是本事，做事本事。人生乐于吃"两样东西"：一样是吃亏，做人不怕吃亏；一样是吃苦，做事不怕吃苦。

♡行好事，如处天堂；行歹事，如处地狱。然天堂、地狱只一念之间。

♡不自重者取辱，不自畏者招祸，不自满者受益，不自是者博闻。

♡忧则天地皆窄，怨则到处为仇，哀则自己束缚，怒则大敌当头。

♡感谢告诉你缺点的人。

♡任劳易，任怨难。

♡劝告别人时，要顾及别人的自尊心。

♡人的改变是从内在改变自己。

♡人贵自立。

♡自立不依赖于人，不强求于人。

♡岩石不为风所动。

♡心清净，其道平坦，因而安乐；心污浊，其道不平，因而跌倒。

♡小事不注意，也会酿成大祸。

♡说话前你是话的主人，说话后你是话的仆人。

♡勤俭朴素，人之美德；俭以养廉。

♡做人，当存好心。

♡好心者，利益他人，不求他报，即有德。

♡做人求"仁"；治学求"乐"；做事求"权"。

♡守住底线，比追求高尚重要。

♡世上只有亏好吃。

♡少注意一点别人的隐私，多求一份安宁。

♡沉默是风度或是卑鄙，任自己去把握。

♡人格在关键时刻展现。

♡人格形成于平凡的日常生活。

♡淡淡一点的微笑很醇，淡淡一点的友情很真。

♡把脾气拿出来，那叫本能；把脾气压下去，那叫本事。

♡凡事都争，争的是理，输的是情，伤的是自己。

♡多一份平和，多一点温暖，生活才有阳光。

♡没人鼓掌，也要飞翔；没人心疼，也要坚强。

♡战胜敌人的是英雄，战胜自己的是圣人。

♡英雄战胜敌人，圣人没有敌人。

♡做人，为什么要在乎别人的看法。

♡我们的眼睛，要看别人，更要看自己的心灵。

♡真正的勇敢是一种理性制约下内心的自信与镇定。

♡内心没有了"忧""惑""惧"，就增强了把握幸福的能力。

♡信誉是人无形的通行证。

♡真诚是信誉的起点。

♡人有欲望，但不可贪婪。

♡中心为忠，即忠诚自己；如心为恕，即善待他人。

♡境界不同，对于同样的生活与行为，会有不同的解释。

♡为人，"给"为快乐。

♡给，给人信心，给人欢喜，给人希望，给人方便。

♡做人，要存好心、说好话、行好事。

♡真正的快乐，是物质世界永远给予不了的。

♡心慈则貌美。

♡相由心生。

♡积善成德，而神明自得。

♡有修为的人，特别亲切温暖，特别天真纯净。

♡忍耐是处理争执的最好办法。

♡慈悲，慈能予乐，悲能拔苦，给予众生喜乐，去除众生痛苦。

♡惭愧。惭，是对不起自己；愧，是对不起别人。

♡惭愧知耻，觉得欠缺，决心改进，增加品德。

♡人无信不立，人格的养成，从诚信开始。

♡做人要守时守信，养成守时守信的习惯。

♡轻慢他人，是自己骄傲。

♡给人赞叹，自我谦和，修道才能进步。

♡忌妒是人性的丑恶。

♡自己想做好人，对于好人好事，要赞扬歌颂。

♡一言以兴邦，一言以丧邦。

♡说句好话，结了好缘，让人欢喜，又不花钱，何乐不为？

♡闹情绪，表示修养不够。

♡情绪，要自我控制，自我驾驭。

♡自己的情绪自己管理不了，还能教育和管理他人吗？

♡对人的赞叹要讲究巧妙，让人回味。

♡赞叹要不落俗套，要有智慧，有内涵。

♡小圈子那个东西害死人。

♡很多失误和错误都是从小圈子产生出来的。

♡聪明的人，要看透，但不要说透。

♡看透是本事，不说透是修养。

♡要使自己的生命获得价值和炫彩，不能在乎委屈。

♡对于委屈，要一笑置之，超然待之。

♡别人都不对，那就是自己的错。

♡福，听不见是非，看不到争斗，说不出伤人的话。

♡人生就是一删一留。不好的，删除；美好的，留下。

♡好好活着，别对不起自己。

♡一个人，不是活给别人看的，而是为自己而活，要做一个有意义的自己。

♡取悦自己。

♡只有取悦自己，才能不放弃自己；只有取悦自己，才能提升自己；只有取悦自己，才能影响他人。

♡宁可孤独，也不违心。

♡小时候是看品德，不是看才干。

♡把别人逼得无路可走，就等于给自己制造困难。

♡成全，是一种了不起的美德。

♡上半夜想想自己，下半夜想想别人。

♡人要先学会听话，然后再学讲话。

♡说妥当的话。

♡遇到问题，要多问问自己，少指责别人。

♡公德不好要批评，私德有缺要包容。

♡理解别人，坚持自己。

♡"挑刺"是特别善良的表现。

♡"挑刺"是想让它变好。

♡这个世界我们只来一回，心疼自己的身体，在乎自己的心情，别让自己难过。

♡做好自己的事，干好自己的活。

♡让心灵宁静，让生活平实；让自己快乐，让家人幸福。

♡原谅是相互理解的润滑油。

♡别人的误解，置之一笑，让时间印证。

♡原谅要有自我牺牲精神，要有宽阔的胸怀。

♡吃亏并不代表软弱可欺。

♡伤得起，拿得下，放得开，看得准，失得安，活得透，走得畅。

♡记住他人的好，把感恩时时装在心里。

♡要敢听真话，这要勇气；要敢说真话，这要魄力。

♡人是活给自己的，别奢望人人懂你，事事都如意。

♡苦累中，安慰自己。

♡难得糊涂，笑看世态。

♡对于误解、委屈和不公正，选择大度应对，不计较。

♡真诚，有话就直说。

♡忠言逆耳是负责。

♡得饶人时且饶人，不能把事做绝了。

♡饶恕是一种大度。

♡学会知足，常想一二。

♡人不怕鬼，就怕心里有鬼。

♡昧心事不做，昧心话不说，昧心钱不赚。

♡为人，头顶天，脚踏地，行得端，才能走得正。

♡人活一世，人品大于天。

♡人若违心，暗生惭愧；人若正直，问心无愧；人若亏心，面目全非；人若有爱，暖心暖肺。

♡人若计较，处处生悲；人若糊涂，了无所谓；人若恶毒，众叛亲离；人若善良，价值不菲。

♡人生，说到底，活的是心情。

♡矛盾多了就知道胸怀的可贵。

♡不顺眼的多了就知道修养的可贵。

♡失败多了就知道心态的可贵；成功多了就知道勇气的可贵；恭维多了才知道真诚的可贵；名利多了才知道淡定的可贵。

♡事莫虚应，应则必办，不办便结怨。

♡愿莫轻许，许愿必还，不还便成债。

♡万物在说法，看你如何着眼。

♡一切是考验，试你如何用心。

♡"善"养德，"诚"养友。

♡素养，被误解时微微一笑；大度，受委屈时坦然一笑。

♡得理要饶人，理直要气和。

♡欣赏别人，庄严自己；原谅别人，善待自己。

♡屋宽不如心宽。

♡存好心，做好事；说好话，做好人。

♡一个人的快乐，不是因为他拥有的多，而是因为他计较的少。

♡好事要提得起，是非要放得下。

♡成就别人即成就自己。

♡我们能做的，就是踏着生活的琐碎，拾起快乐的碎屑。

♡人应该踩着人生的烦恼，预览未来的美好。

♡抬头做人，低头做事；以诚待友，用心孝亲。

♡人生细节，尽心随缘；生活琐碎，顺其自然。

♡检点是美德。

♡人要检点，犹如树需修剪。

♡检点，要从严，要长久。防微杜渐，必有所获。

♡口碑和奖杯都是一种荣誉。

♡应把人民永远装在心里。

♡人格，是性格、气质、能力的总和。

♡人格是一种精神，连着事业，连着生活，连着自己的一切。

♡只有内在品格很高尚的人，才适合讲尊严。

♡得失都是身外之物。

♡不该得的万不可得，应该失的决不可惜。

♡敢于进忠言，可敬；能听到忠言，幸运；善意接收忠言，明智。

♡不为谗言迷惑，值得钦佩。

♡要会选择，先会做人。

♡做人是选择的秘诀。

♡幽默让人在无法满意时产生满意感。

♡自然是美的源泉，思想的源泉，也是人生的源泉。

♡人穷要有志，人富勿失节。

♡自我尊敬，才能赢得别人的尊敬。

♡生活中有幽默这种佐料，会更有味。

♡"理直气和"比"理直气壮"更见涵养，更显风度，更有作用。

♡做人，宁可付出，也不辜负人心。

♡为人，心地善良是本钱。

♡人活着，光明磊落是关键。

♡关心是最真挚的问候；牵挂是最无私的思念；祝福是最美好的话语。

♡做好自己就够了，跟别人毫不相干。

♡欲望是人遭受磨难的根源。

♡遏制住欲望，就是主宰了自己，掌握了自己的命运。

♡礼貌出自内心，是一种美德。

♡礼貌表现出对别人的尊重，是一种高贵的感情。

♡对一切人要有礼貌。

♡细小的事情刻画出人的性格。

♡谎言不能使生命开出灿烂的鲜花。

♡虚伪的真诚比魔鬼还可怕。

♡说话算话，心灵才会平静。

♡对事情的看法，反映出你内心真正的态度。

♡体谅他人，你要愿意认真地站在对方的角度和立场看问题。

♡被人诋毁，不说，是一种涵养。

♡人品的好坏，时间会给最好的判明。

♡做人似水，能进退，知进退。

♡人生再难也要坚持；再好也要淡泊；再差也要自信；再多也要节省；再冷也要热情。

♡人生六财富：身体、知识、梦想、信念、自信、骨气。

♡让步，不是退却，不是从权，而是一种尊重，一种胸襟，一种涵养。

♡同情弱者是一种品德、一种境界、一种和谐。

♡助人是一种崇高，理解人是一种豁达。

♡金钱买不到人格。

♡金钱买不到健康，买不到忠诚，买不到幸福。

♡信誉、诚实也是生命，有时比自己的生命还重要。

♡诚实是智谋的基本条件。

♡个人的信用是财产，公众的荣誉是保障金。

♡节俭是美德，是一门艺术。

♡节俭使人最大限度地享用生活。

♡不会宽容别人，不配受到别人的宽容。

♡宽恕别人所不能宽恕的，是一种高贵行为。

♡淡定是一味良药，它能熄灭内心熊熊的火焰。

♡犯错，善良的人承认错误，卑劣的人推脱责任。

♡心与心，一段交流；人与人，一场缘分。

♡不拒绝真诚的话，更不拒绝真诚的心。

♡做人不斤斤计较，但要有原则。

♡人要睁眼看人，择真善人而交，择真君子而处。

♡做人切忌恃才自傲，不知饶人。

♡做人忌锋芒太露，否则，易遭忌妒，更易树敌。

♡释怀，是一种财富、一种幸福。

♡拥有释怀，就拥有一颗善良的心、真诚的心。

♡做人当如水，上善若水。

♡帮过你的人不能忘，忘了让人寒心；疼过你的人不能断，断了让人伤心；暖过你的人不能远，远了让人痛心。

♡做人不必圆滑，有善良做筹码走到哪儿都不怕；说话不必虚假，用真诚走天涯到哪儿都有天下。

♡行得端走得正，凭借的就是良心；身正不怕影斜，无愧的就是初心；脚正不怕鞋歪，遵从的就是本心。

♡永远不要把自己看得太重要，否则会大失所望。

♡人要自信，但不自大；人要狂放，但不狂妄。

♡人能力挽狂澜，但决不能再造乾坤！

♡不把自己看得太重，是一种修养、一种风度、一种境界、一种姿态，是心态上的成熟，心智上的淡泊。

♡水低为海，人低为王！放下自己。

♡始于颜值，敬于智慧，合于性格，久于善良，终于人品。做人如此，交友亦如此。

♡让步的人，是最可爱的人。

♡休息是为了走更长远的路，舍得才能获得。

♡放下才能去烦，忘记才能心宁，宽容才能得众。

♡生活中的阴晴圆缺，不是掌握在上帝的手中，它就深埋在你的心智里。

♡多少人想要改造世界，却罕有人想改造自己。

♡做人做事要有"度"，超过了这个"度"，事情往往就走向反面。

♡身体还没有衰退，但灵魂先在生活中衰退，这是人的悲哀。

♡善的源泉在于内心。

♡以最善的方式生活，这种力量在于灵魂。

♡待人时要在有疑处不疑人。

♡人在做，天在看。

♡时刻提醒自己，改变自己，低调做人。

♡一个人必须面向未来、面向社会，想着要着手做的事情。

♡这个世界没有"应该"二字，不随意发脾气，谁都不欠你的。

♡学会宽恕伤害自己的人，因为他们也很可怜，被压力推动，不由自主。

♡知己，能遇到不容易，如拥有要珍惜。

♡记住感恩能跟你同甘共苦的人、在你跌倒能扶你起来的人、在你一无所有依然对你不离不弃的人。

♡人的价值就是让其他生物活得好。

♡人要因为这个社会有了你而多一份美好，才有价值。

♡千万不要让这个社会因为有了我而多了一份痛苦或者不好。

♡眼睛纯净，才能看见美丽的风景；心灵干净，才能拥有纯粹的感情。

♡希望别寄予别人身上，梦想投注在自己心上，才不会空旷。

♡自己就是自己的太阳，何须别人照亮。

♡风雨之中，打伞也要前行；失败之后，带泪也要经营。

♡一样的人生，不一样的心灵；相同的演出，不相同的落幕。走到最后，才能笑得最好。

♡不丢根本，不忘初衷，才能走得从容，站得稳定。

♡不做作，不马虎，不世故，就是一个人的真。

♡只有心灵没有负累，身体才不会感到有所负累。

♡一个人的心，就是一个人的世界，一个人的一切。

♡时间，验证人心；金钱，见证人性；交往，鉴证真情。

♡发上等愿，结中等缘，享下等福；择高处立，寻平处住，向宽处行。

♡守着最初的纯真，沿着最后的底线。

♡要就要情深似海的专一；做就做不可替代的唯一。

♡心情珍贵不要发霉，要笑得最真最美！

♡生命宝贵不要浪费，一定要过得有滋有味！

♡人生的一切，是修来的。

♡胸襟决定命运的格局。你能包容多少，就能拥有多少。

♡生容易，活容易，生活不容易。

♡百事从心起，一笑解千愁。

♡自尊，才能赢得尊重！真诚，才能打动人心！

♡你诚信，谁都想把你靠近；你认真，谁都会对你放心；你诚恳，谁都愿和你交心。

♡做人，有情有义，可赢天下，赢人心。

♡我可以容忍，但别超过底线。

♡随和，是一种素质，一种文化，一种心态。

♡随和，是淡泊名利时的超然，是曾经沧海后的井然，是狂风暴雨中的坦然。

♡随和，决不是没有原则。

♡随和，需要有良好的自身修养，需要有淡泊名利的心境，需要与人为善的品质。

♡不能总是为了情面而委屈自己，要有度，必要时善意作出说明。

♡生活，消极，就是地狱；积极，才是天堂。

♡心态，悲观，只有烦扰；乐观，才会幸运。

♡最甜蜜的快乐莫过于心灵宁静。

♡人高在忍，人贵在善，人杰在悟。

♡一个人的开心，不是取决于别人的关心，而是经营好自己的心。

♡真诚，是本性，但可以培养；善良，是天性，但可以修炼。

♡不管遇见任何人，真诚才能走进心里；不论碰到任何事，善良永远不过期。

♡知世故而不世故，是善良的成熟。

♡生命中有很多事情足以把你打倒，但真正打倒你的是自己的心态。

♡生活累，一小半源于生存，一大半源于攀比。

♡想不开，就不想；得不到，就不要。难为自己，何必呢？

♡逆境，忍耐；顺境，收敛。

♡心情不好，当涵养；心情愉悦，当沉潜。

♡大事难事，看担当；逆境顺境，看胸襟。

♡是喜是怒，看涵养；有舍有得，看智慧。

♡会成会败，看坚持。

♡才气见于事，义气施于人。

♡饮清净之茶，戒色花之酒。

♡开方便之门，闭是非之口。

♡这个世界是有心人的世界。

♡有些事，需忍，勿怒；有些人，需让，勿究。

♡嘴上吃些亏又何妨，让他三分又如何。

♡人生最难得到的是人心，人生最难处理的是关系，人生最难平衡的是心态，人生最难控制的是情绪，人生最难战胜的是自己，人生最难说的话是实话，人生最难坚持的是本色，人生最难找到的是知音，人生最难抵挡的是诱惑，人生最难改造的是灵魂。

♡小心得天下，大意失荆州。

♡锦上添花的事情让别人做，我只做雪中送炭的事情。

♡钱财用得完，交情用不完。

♡事不能做绝，要留有余地。

♡藏在自身里的"情绪"，才是自己的最大敌人。

♡每痛苦一次，内心就强大一次。

♡示弱不是妥协，而是修养。学会示弱，做熟透稻谷！

♡人生就是一个不断选择、不断放弃的过程。

♡放弃也是一种选择；失去也是一种收获。

♡人活的就是心境。

♡对于小事要开心；对于大事要宽心。

♡学会和自己独处，心灵才能得到静化。

♡过去事，过去心，不可记得；现在事，现在心，随缘即可；未来事，未来心，势必劳心。

♡有足够的内涵，变得底气十足。

♡人生因缘而起，因念而生。

♡人生贵有平常心，远离混浊平静如水，不为世间五色所惑。

♡人生于选择中，走向新生活。

♡人生于放弃间，得到解脱自在。而后，继续前行。

♡人前不说狂话，遇事不说怨话。

♡互相理解才是真感情。

♡真诚才能永相守，珍惜才配长拥有。

♡人自在，一生才值得；想得太多，容易烦恼。

♡在乎太多，容易困扰；追求太多，容易累倒。

♡好好体会每一天，因为只有今生，没有来世。

♡只要脾气好，凡事都会好。

♡人的一生都在学做人。

♡让自己强大必须放下的东西，面子、压力、过去、自卑、懒惰、消极、抱怨、犹豫、狭隘、怀疑等。

♡放下一切，自立更强。

♡大度应对，难得糊涂，笑看世态。

♡我选择厚道，不是因为笨拙。

♡厚德能载物，助人能快乐。

♡清醒做事，糊涂做人。小事不争，大事讲清。

♡三分精明，七分糊涂。

♡急人之所急，为人之所为。

♡豪华恬淡各千秋，富者辉煌，穷也清雅。

♡诸事适可而止，不可尽兴，乐极生悲，福极生祸，物极必反。

♡万物水洗而净，不洗则污；万物沐阳而艳，不沐则衰。

♡良心是每个人最公正的审判官。

♡人永远骗不了自己的良心。

♡人心和善，家庭和睦，社会和谐；人际和顺，人间和美，世界和平。

♡心中有爱，是坦然活着的理由。

♡仁爱让人受益，自己快乐。

♡仁爱是一种身体力行、点点滴滴的行为。

♡仁爱抒发一种人格情怀，表现一种高风亮节，体现胸怀大志的气度。

♡真正的善良，就是行善而不扯起善良的旗帜。

♡真正的善良，就是积德无需人见，善意匡如清流。

♡人格的美，是危难时挺身而出，为弱小伸出双手。

♡人格的美，是坚忍不拔，坚持自我，清白处世。

♡人格的美，是与人为善，彬彬有礼，如沐春风。

♡内在的美感染人的灵魂，外表的美取悦人的眼睛。

♡美，无处不在，是真实的生活，平凡的感动。

♡自爱，爱人，人爱；自尊，尊人，人尊。

♡不知道自己尊严的人，就不能尊重别人的尊严。

♡自爱，才能得到友谊；自重，才会得到尊重。

♡善，完善自我，但自我永无完善。

♡善良是区分好人与坏人的最初界限，也是最后界限。

♡爱给人间带来幸福。

♡善良的感情和情感的修养是人道精神的中心。

♡善良的心像太阳。

♡善良给人幸福，也给人和美、爱情和力量。

♡善良的本性在世界上是最需要的。

♡良心是根据道德准则自觉地判断自己的所有行为。

♡良心不只是能力，而是本能。

♡一个人必须学会如何听见并理解良心的呼唤，以便按良心行动。

♡人要善良，更要有尺度。

♡真诚高贵，善良最美。

♡永远怀着一颗善良的心，持续做对的事。

♡心存真诚，平安会跟随你；心存善念，阳光会照耀你；心存美丽，温暖会围绕你；心存大爱，崇高会追随你；心存他人，真情会回报你；心存感恩，贵人会青睐你。

♡心情好，什么都好。心情不好，一切都乱。

♡好心情，处处祥和，塑造最出色的你。

♡一心一意做好自己，即使不完美，也是最美。

♡爱，因相互付出，才能天长地久；情，因相互滋润，才能沁人心肺；事，因相互努力，才能简单易成；友，因相互惦念，才能分外亲切；人，因相互帮助，才能加深友谊。

♡人生，用心，才是生活；不用心，就是活着。

♡心的通透是最美的；心的善良是最贵的。

♡人生的座右铭：心善，乐善好施；心宽，宽大为怀；心正，正大光明；心静，静心如水；心怡，怡然自得；心安，安常处顺；心诚，诚心诚意。

♡心小了，所有的小事就大了；心大了，所有的大事都小了。

♡看淡世事沧桑，内心安然无恙。

♡大其心，容天下之物；虚其心，爱天下之人；平其心，论天下之事；潜其心，明天下之理；定其心，应天下之变。

♡有为有不为，知足知不足。

♡锐气藏于心，和气浮于面。

♡一辈子就图个无愧于心，悠然自在。

♡心幸福，日子轻松。

♡万物静寂而清，不静则罔；人间万事皆在陶冶，在修炼。

♡顶天立地做人，无愧于心；光明磊落做事，无悔于人。

第六篇

阅读·思考·心智

　　崇尚知识，诗书传家，是流淌在中华民族血液里的文化基因。那些灿若繁星的经典，那些直抵心灵的讲述，接续了整个人类的知识谱系，标识了智慧与美的浩瀚无垠，也召唤着一个又一个群星闪耀的时代。

　　人的成长包括身体，也包括心智。心智的滋养来自阅读，来自思考。阅读是一个人，特别是青少年的心智培养、性格塑造和人生观引导的重要途径和方法。阅读有助于思维和引发思考，能够产生思想火花。

　　如今，阅读的内容、阅读的载体、阅读的群体不断更新。"阅读之美"正在形成我们的新风景，它惠及更多人的日常生活，扎牢我们的精神家园，照亮生命里的每一个角落。

　　理想，永不褪色。

　　阅读，持之以恒。

　　博学而详说之，将以反说约也。

——孟　子

教亦多术矣。予不屑之教诲也者，是亦教诲之而已矣！

——孟　子

凡治气、养心之术，莫径由礼，莫要得师，莫神一好。

——荀　子

言而当，知也；默而当，亦知也。

——荀　子

以近知远，以一知万，以微知明。

——荀　子

虚以静后，未尝用己。

——韩非子

虚则知实之情，静则知动者正。

——韩非子

博学而笃志，切问而近思，仁在其中矣。

——《论语》

不知而自以为知，百祸之宗也。

——《吕氏春秋》

夫学须静也，才须学也，非学无以广才，非志无以成学。
淫慢则不能励精，险躁则不能冶性。

——诸葛亮

学而时习之，不亦说乎？有朋自远方来，不亦乐乎？人不知而不愠，不亦君子乎？

——孔 子

知之为知之，不知为不知，是知也。

——孔 子

学而不思则罔，思而不学则殆。

——孔 子

不贵其师，不爱其资，虽智大迷。

——老 子

知不知，上；不知知，病。

——老 子

教者必以正，以正不行，继之以怒；继之以怒，则反夷矣。

——孟 子

海以合流为大，君子以博识为弘。

——《三国志》

论先后，知为先；论轻重，行为重。

——朱 熹

世事洞明皆学问，人情练达即文章。

——《红楼梦》

人之知识，若登梯然，进一级，则所见愈广。

——陆九渊

读书贵能疑，疑乃可以启信。读书在有渐，渐乃克底有成。

——《格言联璧》

古今来许多世家，无非积累。天地间第一人品，还是读书。

——《格言联璧》

人不学便老而衰。

——程　颐

养心莫若寡欲，至乐无如读书。

——郑成功

学非有碍于思，而学愈博则思愈远，思正有功于学，而思之困则学必勤。

——王夫子

致思如掘井，初有浑水，久后稍引动得清者出来。人思虑，始皆混浊，久自明快。

——程　颐

学问之道无他，求其放心而已矣。

——孟　子

知之愈明，则行之愈笃，行之愈笃，则知之益明。

——朱　熹

♡阅读重在写。

♡读书养成习惯，生活更丰富、更快乐、更美丽。

♡读书是人的心灵和上下古今中外一切民族的伟大智慧相结合的过程。

♡阅读和学习都是在和智慧聊天，用别人的经验，长自己的智慧，何乐而不为。

♡把阅读变成一种习惯吧！

♡为挽救人类的危机，创造人类的未来，必须经常阅读用功学习，丰富知识，成就智慧。

♡学习永远不是一件僵死的事情。

♡向书本学习，向所有人学习，用不同方式学习，用一生学习。

♡学习，学习，再学习。

♡读一本好书，我们吸收了营养，又是一种高级享受。

♡读书使人心旷神怡，书籍是我们终身的伴侣。

♡读书，永远不恨其晚。晚比永远不读强。

♡读活书本上的知识，用好书本上的知识，人就有了生命力。

♡读书，人要在书中读自己，发现自己或检查自己。

♡读了好书之后，应当从中得到希望、勇气和喜悦，开阔视野。

♡读书，追随伟大人物的思想，是最富有趣味、最富有激情的一门科学。

♡真正的学者往往不是读了很多书的人，而是读了有用的书，读了书会用，会用又用好的人。

♡读书永远不会满足。

♡越是读书，就越是深刻地感到自己知识的贫乏，越感到必须继续读书，抓紧读书。

♡读书，必须从书中发现自己，研究自己，把握自己，发展自己，完善自己。

♡学习不是只模仿某种东西，而是学会运用解决问题的方法。

♡正确的略读可使人用很少的时间接触大量的文献，并挑选出有特别意义的部分。

♡读书有的放矢，可以抓住重点，又可以节省时间。

♡一个不爱读书的民族，是可怕的民族；一个不爱读书的民族，是没有希望的民族。

♡阅读是心智的锻炼，心智的升华，心智的完善，让人更有活力。

♡一个民族的精神境界，在很大程度上取决于全民族的阅读水平。

♡一个社会到底是向上提升还是向下沉沦，就看阅读能植根多深。一个国家谁在看书，看哪些书，就决定这个国家的未来。

♡阅读是人类生存之道。

♡阅读就是生活本身，是生命本身的厚度与颜色，是永怀梦想的根底与力量。

♡书，不去阅读，就是一张张纸。只有读了，才会被赋予生命，也才能给阅读者以生命。

♡读万卷书，行万里路。

♡读书可治"愚病"；读书可治迷茫；读书可治浮躁；读书可治懒惰；读书可治固执。

♡知识可以通过阅读增长。

♡读书，养锐气，去惰气；养大气，去小气；养正气，去邪气；养胆气，去怯气；养和气，去霸气；养运气，去晦气；养静气，去燥气；养雅气，去俗气；养才气，去迂气；养朝气，去暮气。

♡读书，"板凳要坐十年冷"。

♡读书时，心净方能入深。

♡读书要求环境安静，心里平静，内心清静。

♡阅读，是相伴一生的幸福。

♡阅读，可以惠及子女。

♡读书就如种庄稼，精耕细作，就能收获精神生命的成长。

♡读书是为政修德的基础工程。

♡真正把读书学习当成一种生活态度，一种工作责任，一种精神追求。

♡事有所成，常常是学有所成；学有所成，往往是读有所成。

♡少年读书，如隙中窥月；中年读书，如庭中望月；老年读书，如山上观月。

♡一个人的精神发展史就是阅读史。

♡学史可以看成败，鉴得失，知兴替；学诗可以情飞扬，志高昂，人灵秀；学伦理可以知廉耻，懂荣辱，辨是非。

♡书籍是人类知识的载体，是人类智慧的结晶，是人类进步的阶梯。

♡书籍就像一盏神灯，它照亮人们最遥远、最黯淡的生活道路。

♡心不在焉、心烦意乱、心浮气躁是读不进书的。

♡一个人全身心地投入读书的状态，实际上也是一种修炼自我的气功状态，是个人品性修养、意志磨砺与心理能量积累的过程。

♡读书能够长知识，明事理，修品性，脱俗气。

♡爱读书，眼界变得开阔，思想变得深刻，精神变得崇高，品德变得高尚，举止变得高雅。

♡要带着问题读书，对现实中的各种疑难问题进行深入思考，不断问需于民，问计于民，问政于民，力求有所发现，有所成就。

♡善读书者，"两脚踏东西文化，一心写宇宙文章"，用开放的视野、宽阔的胸襟、敏锐的眼光，跟踪当今世界的最新发展与变化。

♡当你的能力还驾驭不了你的目标，那你就该沉下心来历练；当你的才华还撑不起你的雄心，那你就该静下心来读书。

♡我孩子时吃了很多食物，大部分一去不复返而且被我忘掉了，但可以肯定的是，它们中的一部分已经长成我的骨头和肉。阅读对你的思想改变也是如此。

♡读书的根本目的是为了让自己明白世界，看清自己，让自己在无依无靠或者无所事事的时候，有一种严肃的力量推动着你往前走。

♡读书多了，容颜自然改变。

♡读书，不是为了拿文凭或发财，而是成为一个有温度懂情趣会思考的人。

♡只要还在读书的人，就不会彻底堕落，彻底堕落的人是不读书的。

♡阅读做到三到：心到，眼到，脑到；阅读务求三性：记性，韧性，悟性。

♡阅读要发现疑问，发现疑问后找出答案，这样就会提高悟性，促进智力的提升。

♡在追求真理的征途中，唯有学习，不断地学习，勤奋地学习，有思考地学习，有创造性地学习，才能跨越万水千山。

♡我们是书的主人，不是书的奴隶，书为我们所用。

♡活人读书，把书读活；死人读书，把书读死。

♡书是知识，是工具。

♡学习无处不在，无时不有。

♡我们要向书本学习，向别人学习；要向大自然学习，向社会学习；要向实践学习，向使用学习。

♡读历史，要从中悟出点道理来，这样才对我们有帮助。

♡读书不是死记硬背其中的内容，而是要学会解决问题的方法，学以致用。

♡运用之妙，存乎一心。

♡最大的教育就是自我教育，也就是自己对自己的教育。

♡读书可以改变人生，改变命运。

♡"吾十有五而志于学"的意思是，从 15 岁开始，就立志把自己的一生奉献给学问，奉献给追求真理。

♡好学是一种爱好，好学更是一种素质，好学才能有所成就。

♡好学之人，等于是给自己找到一条不需要外在条件的快乐之道。

♡不好学，一切缺点无法改正，一切优点无法树立。

♡教育的目的，就是"气质变化"。

♡一个好的老师，能让他的学生变化气质。

♡永远不要抱着投机的态度来学习。

♡有精神的人、有智慧的人、有学问的人才是世界的主人，自己的主人。

♡书籍启迪人的心灵，提升人的素质，丰富人的思想。

♡书籍是人类的营养品，社会进步的阶梯。

♡生活里没有书籍，就好像没有阳光，没有水。

♡知识像烛光照亮无数的人，用知识武装起来的人是不可战胜的。

♡知识是心灵的眼睛，心灵的不幸是无知，无知是智慧的黑夜，面对的是一个陌生的世界。

♡自然界本身，社会本身，人本身，自己本身是一部伟大的书籍，取之不尽，用之不竭。必须认真去读。

♡人应该尽可能学点哲学。自然科学和社会科学都是从哲学分离出来的，它们的原理是相通的。

♡书是人类的朋友、顾问、导师。

♡无知是可以克服的，只要你善于学习。

♡无知有两种：一种是初学者的无知；一种是学习之后，博学之士的无知，它是达到科学顶点的动力、催化剂。

♡对别人最好的教育，是自己的一切言行。

♡人一生结交两个"朋友"：一个是图书馆，博览群书；一个是运动场，锻炼身体。

♡人生记住"两个秘诀"：健康的秘诀在早上；成功的秘诀在晚上。晚上属于业余时间，它能成就一个人，也能毁灭一个人。

♡老师是我们文化的传人，慧命的保姆，要永远真心地尊敬老师，感激老师。

♡自己要自觉学习，自我教育，自己要学习做人，学习做事，才能成为有用的人。

♡汇百家之说而成一学。

♡台积而高，学积而博。

♡只要是书，不管是中国的、外国的、古典的、现代的、正面的、反面的，大家都可以涉猎。

♡读的是书，看的却是世界。

♡各种各样的书都要读一点。

♡学习不能等，教育不能等，拼搏不能等。

♡知识积累在于勤，学问渊博在于恒。

♡自觉出勤奋，勤奋出天才。

♡在能者面前暴露自己的弱点，才能找到差距，发现不足；才能树立信心，不断努力，继续学习，最后突破自己。

♡有知识，如果不继续学习，知识就会老化。

♡学问是我们自己随身的财产，不管什么时候，在什么地方，学问也跟我们在一起。

♡教师只是知识的入门，而知识的应用，未知的探索，完全靠自己。

♡书本是人类全部生活留下的印记。种族、国家消逝了，书依然存在。

♡教育的目的是培养人的个性，是培育人的精神长相。

♡教师不仅教给我们知识，还传授进一步获取知识的方法。所以，我们要特别注意学习教师的"点金术"。

♡举一反三，闻一知十，穷理之熟，融会贯通。

♡做学问要有决心，更要有恒心，重要的要靠自己督促自己。

♡学问必须合乎自己的兴趣，方才容易受益。

♡知识是潜在的生产力，是生产力的发酵素，是生活的滑润剂。

♡活用知识最重要，知道知识的来龙去脉次之，拥有知识再次之。

♡父母生养生命，老师养育人生。

♡教师是人类灵魂的工程师。

♡教师为人师表，言教不如身教。

♡教师是学生的最活生生的榜样，直观的模范。

♡教师对学生的影响是终身的、深刻的。

♡聪明的教师，注意引导学生利用过去的功课来帮助理解目前的功课，并利用目前的功课加深理解已经获得的知识。

♡即使是普通孩子，只要教育得法，也会成为不平凡的人。

♡教育，是民族最伟大的生存法则，是一切社会里把恶的数量减少、把善的数量增加的重要手段。

♡教育是人类最崇高、最神圣的事业。

♡教育是随生命的开始而开始的。

♡教育是伟大的事业，人的命运、社会的文明很大程度上决定于教育。

♡教育本身就是生活。

♡教育者的关注、爱护和本人的形象在学生的心灵上永远留下不可磨灭的印象。

♡教育之于心灵，犹如雕刻之于大理石。

♡善于鼓励学生，是教育中最宝贵的经验。

♡我们应当尽量用行动去教育儿童，只有身教所不能做到的才用言教。

♡教育，不仅仅是对知识的学习，更是对生命的尊重。

♡教育之"育"，应该从尊重生命开始，使人性向善，使人胸襟开阔，唤起人自身美好的"善根"。

♡教育者的目的是使人的灵魂得到锻炼，心性向天使方面转变。

♡教育是人的灵魂的教育，而非单纯的理智知识的堆积。

♡我们的学校教育应重视学生基本人格、基本道德、基本情感的养成，使学生热爱生命，热爱社会。

♡教育意味着一棵树摇动另一棵树，一朵云推动另一朵云，一个灵魂唤醒另一个灵魂。

♡学校的目标应是培养有理想、有道德、有文化、善于独立思考、敢于行动、敢于担当的人。

♡一个人的启蒙教育往往能够决定他未来的人生。

♡一个人首先要教育自己，而后才去接受别人的教育。

♡真正的教育者不仅教授真理，更重要的是向自己的学生传授对待真理的态度。

♡富有真理的书是万能的钥匙，什么幸福的门用它都可以打开。

♡理想的书籍，是智慧的钥匙。

♡没有书籍，人的生活就会变得空虚。书籍不仅是我们的朋友，而且是我们的伴侣。

♡书籍是屹立在时间的汪洋大海中的灯塔。

♡书籍具有不朽的本质，具有不朽的能力，使人变得思想奔放。

♡书籍是了解大千世界的一扇门。

♡浮躁的社会，心静者胜出。

♡以书为伴，畅游书海。

♡无专心致志无以喻其理。

♡有识才有胆，艺高才胆大。

♡腹有诗书气自华，书中自有颜如玉。

♡爱心，是最好的教育。

♡书博采百家之灵气，荟萃文化之精髓，古今中外，万千气象，云集其中。

♡书足以陶冶人的情操，历练人的性情，厚实人的底蕴，纯粹人的精神，完善人的灵魂。

♡一本本书，就是一个个心灵的朋友，在独酌的时候，它会与你同饮；在孤独的时候，它会静坐在你的对面。

♡这个世界上，比黄金更贵重的，永远是知识。而读书，是获取知识的主要途径。

♡对于青年人来说，旅行是教育的一部分；对老年人来说，旅行是阅历的一部分。

♡旅行的精神在于其自由，完全能够随心所欲地去思考、去感受、去行动的自由。

♡旅行是一种颇为有益的锻炼，心灵在旅行中不断地进行探索新的未知事物的活动。

♡旅行是知识之路，使智者更智，是获得愉悦感和浪漫性的最好媒介。

♡人应该支配习惯，而不能让习惯支配自己。养成爱读书的习惯。

♡习惯创造的奇迹多么惊人呀！习惯的养成又是多么快和多么容易呀。我们要有意识地培养好读书和勤思考的习惯。

♡读书不加思考，如同吃东西不经消化，营养不能被人吸收，知识不能让人运用自如。

♡一通百通，触类旁通，纲举目张。

♡教育要教会人思考、教给人思考的习惯以及让人勤于思考。

♡人都是从小事入手，从平凡起步。小事平凡事同样有大道理、大原则，有本质。经常对小事平凡事加以分析，悟出点道理，对一般的事情就能一目了然，见微知著。遇到大事，或关键时刻就可以运用自如，任凭狂风暴雨，稳如泰山，胜似闲庭信步。

♡缺少知识就无法思考，缺少思考就不会有真正的知识。

♡真正的学问在行为与行为之间、知识与知识之间、知识与心灵之间，不是能用笔记录的。

♡学习哲学，花力气弄通掌握对立统一规律。

♡对立统一规律真正领会了，看问题会清楚点，因为它是人类知识宝库的锁匙。

♡提升知识有两条道路：一条是勤于学习，不断积累，成为博学之士；一条是对于问题经常思考、时常分析、抓住实质、深刻理解，提升了智慧，丰富了精神，成为有所作为的人。

♡书籍浩如烟海，我们要有选择地学习，有创造性地学习，做学习的主人，有的放矢，事半功倍。

♡知识，深刻理解它，便产生智慧，在使用中运用自如，触类旁通。

♡对一些问题产生疑问，疑问的不断探索、不断研究，产生新的思路、新的事物，这就是创造。人类社会的路正是这样走过来的。

♡人要乐于思考，善于积累，总结经验，不断提升自己。

♡不善于思考，不利于人生的成长，难以成就成熟的人生。

♡任何成就，都从勤学、勤思中来。

♡勤学多思出智慧。

♡不要生吞活剥、不求甚解，要老老实实坐下去，想得宽、想得多、想得深，才能真正学到一点东西。

♡一个人要有长进，除了在学校时要努力学习掌握各方面的基础知识外，更主要的是靠自己随时随地去"抓"知识。

♡真正的知识，要看你能否运用于实际，能否解决问题。

♡运用知识比知识本身更重要。

♡知识只有消化了以后才有营养，才能强壮我们的肌体，为我所用。

♡做学问是细嚼慢咽的，要嚼得烂，才好消化、好吸收，对人才有益。

♡人不仅要学习知识，要领会学到的知识，而且要用批判的态度来领会这些知识。

♡生活的全部意义在于无穷地探索未知的东西，在于不断地增加更多的知识。

♡想象力比知识更重要，因为知识是有限的，而想象力是知识进化的源泉。

♡知识本身并没有告诉人们怎样运用它，运用的方法乃在书本之外，这需要我们用心去观察、研究和总结。

♡知识是精神的粮食。

♡知识是天才的原料，天才利用他的知识，可以编成灿烂的作品，可以制作世界最伟大的丰碑。

♡最有价值的知识，是关于方法的知识。

♡榜样比所有一切的书籍都更有用处。

♡学则在其悟。

♡书虽然不能帮你直接解决问题，却能给你一个更好的视角。

♡掌握了基础知识，又会独立思考和工作，就必然会找到适合自己的道路，并取得很大进步。

♡冷静思考，是一切智慧的开端。

♡人生最终的价值在于觉醒和思考的能力，而不只在于知识。

♡思维是心灵的自我交流、自我谈话。

♡对于书本知识，必须深入研究，过细咀嚼，独立思考，才能变成自己的知识。

♡对待知识，要思考，思考，再思考，而后行动。

♡把时间用在思考上是最有效的学习，是最能节省时间的事情。

♡不会思想的人是白痴，不肯思想的人是懒汉，不敢思想的人是奴才。

♡聪明睿智的特点就在于，只需要看到或听到一点，就能长久地思考，更多地理解，悟出点什么来。

♡要想获得真知，务必靠思索之力。

♡阅读给大脑提供了知识材料，还要经过思考，这些知识才能变为自己的思想。

♡懂得多，疑问更多，疑问才是真正的智慧。

♡知识被人掌握、为人使用，就形成智慧，人就成为有理性的人、有力量的人、自由的人。

♡学识能够诱发智慧，但不等于智慧。

♡永远不要把知识与智慧混为一谈。

♡知识帮你谋生，智慧令你不枉此生。

♡知识，可以用百科全书代替，可是提出的新思想、新方案，却是任何东西也替代不了的。

♡人们解决问题，是用大脑、能力和智慧，而不是搬书本。

♡智力上的跃进，唯有创造力极强的人在正确思想指导下，生机勃勃地独立思考，才有可能实现。

♡学问深了，接触广了，又能兼容并蓄，融会贯通，定能独创一体、有所发现。

♡大智大慧的人不仅能记得过去的事情，又能认识现在的事情，还在于鉴往知来。

♡我们要像蜜蜂一样，既收集又整理，酿出香甜的蜂蜜来，既接受知识，又创造新知识。

♡你聪明的话，会了解自己的无知；你认识不到这一点，就是愚昧。

♡一个人最大的弱点，是自以为最聪明。

♡读书并非只是求知识，更是为了撞击我们的智慧。

♡智慧是一种透视，一种反想，一种远瞻，它烛照人生的前途。

♡聪明是一种生存能力，在现实生活中不吃亏；而智慧则是生存的一种境界，在现实生活中能吃亏。

♡聪明人知道自己能做什么，善把握机会，知道什么时候该出手，拿得起；而智者明白自己不能做什么，知道什么时候该放手，放得下。

♡聪明人多数是天生的，得益于遗传，注重细节，知识多，渴望改变别人；而智者更多靠修炼，注重整体，让人更有文化，多能顺其自然。

♡聪明人耳聪目明，带来财富和权力；智慧乃由心生，带来快乐。

♡科学让人聪明，哲学教人智慧。

♡读书是智慧的行为，而这种行为本身，可以引领一个人走向更大的智慧。

♡智慧的人，书是心中永远的明灯，引领自己时时清醒、步步睿智，最终走出完美的人生。

♡只有读书，才会使你成为有价值的人。

♡只有投资在自己的头脑上，才是最安全的理财，到哪里都不会饿肚子。

♡头脑正是东山再起的最大本钱，应该好好投资在这里才对，因为脑袋穷，人生就会穷。

♡聪明的人懂得通过学习，以别人的经验教训为借鉴，避免自己重蹈覆辙多走冤枉路。

♡智慧永恒，知识是一种方便；智慧是人的本质，知识是智慧的具体化，是智慧的一种表现。

♡做该做的事是智慧，做不该做的事是愚痴。

♡没有智慧，头脑就不健全，不管肉体多么健壮，那种力量是没有什么价值的。

♡碰上学者容易，遇见智者很难。

♡人在智慧上、精神上的发达程度越高，人就越自由，人生就越能获得莫大的满足。

♡死记硬背可以学到知识，但学不到智慧。

　　♡知识可以言传，但智慧不然。智慧，人们可以发现它，用它生活，以它自强，凭借它去创造奇迹，但却无法将它交流和传授。

　　♡智慧的可靠标志就是能够在平凡中发现奇迹。

　　♡智慧胜于学识。

　　♡智慧就在于说出真理，按照自然行事，倾听自然的话。

　　♡智慧是美的，因为是创造，而创造是美的，因为是智慧。

　　♡智慧是人类的洞察力，是品格，是人生经验的综合，是无穷的。

　　♡智慧是学识的善于运用，学识并不就是智慧。

　　♡记忆力并不是智慧，但没有记忆力还成什么智慧呢？

　　♡智慧与知识不同：知识属于社会，智慧属于个人；知识可以传授，智慧只能启迪。

　　♡知识也许会产生智慧，但知识未必直接导致智慧。

　　♡真正的智慧虽说是可以学的，但内心必须要有自己的酝酿，最后都是要叩问内心的。

　　♡书山有路思为径，学海无涯乐作舟。

第七篇

友情·协作·共享

马克思按照人的个体的发展程度，把人的发展分为人对人的依赖、人对物的依赖、人的自由而全面的发展三个阶段。社会主义、共产主义追求的是第三阶段，即人的自由而全面的发展。共享发展理念与马克思主义关于人的发展理念一脉相承。习近平同志指出，共享理念实质就是坚持以人民为中心的发展思想，体现的是逐步实现共同富裕的要求。

共享发展解决公平正义问题，坚持"发展为了人民，发展依靠人民，发展成果由人民共享"，使全体人民在共建共享中有更多获得感，朝着共同富裕目标稳步前进。

方以类聚，物以群分。

——《周易》

非我而当者，吾师也；是我而当者，吾友也；谄谀我者，吾贼也。

——《荀子》

肝胆相照，欲与天下共分秋月；意气相许，欲与天下共坐春风。

——吴从先

合意友来情不厌，知心人至话投机。

——冯梦龙

虎生犹可近，人熟不堪亲。

——《增广贤文》

君子之交淡若水，小人之交甘若醴；君子淡以亲，小人甘以绝。

——庄　子

善气迎人，亲如兄弟；恶气迎人，害于戈兵。

——管　仲

君子小人，如冰炭之不相容，薰莸之不相入。

——朱　熹

二人同心，其利断金；同心之言，其臭如兰。

——《周易》

能用众力，则无敌于天下矣；能用众智，则无畏于圣人矣。

——孙　权

天时不如地利，地利不如人和。

——孟　子

万人操弓，共射一招，招无不中。

——《吕氏春秋》

礼之用，和为贵。

——孔　子

君子矜而不争，群而不党。

——孔　子

已所不欲，勿施于人。在邦无怨，在家无怨。

——孔　子

民齐者强。

——《荀子》

得道者多助，失道者寡助。寡助之至，亲戚畔之；多助之
至，天下顺之。

——孟　子

差点土人，春夏归农，秋冬追集，给身粮酱菜者，谓之
"团结"。

——《资治通鉴》

乐者，天地之和也；礼者，天地之序也。

——《乐记》

审节而不和，不成礼；和而不发，不成乐。

——荀　子

君子和而不同，小人同而不和。

——《论语》

为彼，犹为己也。君惠臣忠，父慈子孝，兄弟和调，强不执弱，众不劫寡，富不侮贫，贵不傲贱，诈不欺愚。

——《墨子》

一手独拍，虽疾无声。

——韩非子

海内存知己，天涯若比邻。

——王勃

丈夫重知己，万里同一乡。

——陈子龙

士为知己者死。

——《战国策》

♡出外靠朋友。

♡对任何人都要尊重，都要诚信相待，都要当作朋友一般。

♡患难见真情。

♡要经过很严谨的考验，才可以完全相信一个人。

♡跟比自己高明的人在一起，才会有所获。

♡越是英雄，越应该懂得"一个好汉三个帮"的道理。

♡打虎亲兄弟。

♡一个团队里最坚定、最基本的力量，一定是具有情感认同的力量。

♡一个人唯其具有了忠诚、有了信义、有了德行、有了能力，才会有真朋友。

♡与人交往，不但不要计较别人的不足，而且要帮助对方遮盖短处。

♡温和亲善更有亲和力。

♡好的人际关系是一个人被认可的基础。

♡尊重他人才是处世的原则。

♡记住别人的名字才会有更好的人际关系。

♡自爱就应维护别人的自尊。

♡以德报怨感化他人。

♡信守诺言就是真价值。

♡冷漠是交往的屏障。

♡会说话才有亲和力。

♡会说话可以敲开门。

♡朋友间，包容越多友谊越长；同事间，包容越多事业越顺。

♡处朋友处的就是一份真，真面貌、真微笑、真拥抱；谈感情谈的就是一颗心，真诚心、善良心、包容心。

♡友谊是精神的默契、心灵的相通、美德的结合。

♡人与人的友谊，需要把心灵结合在一起，生活才显得温柔甜蜜。

♡真正的朋友能体会到对方的悲伤。

♡好朋友老在心里牵挂着。

♡朋友不是靠馈赠获得的。

♡朋友应该用挚情的爱来获得。

♡朋友之美在于诚，心投意惬的友谊才是真正的友谊。

♡对一个真心的朋友，你可以倾诉心中的忧愁、欢悦、恐惧、希望、疑忌、谏诤，以及任何压在心上的事情。

♡亲密的友情是什么也替代不了的。

♡友谊是开放的花，终会结出灿烂的果实。

♡友谊，同心同德，同心同志。

♡友谊跨越万水千山。

♡相爱不难，相知真难。

♡真正的朋友做事，不图回报。

♡真心相爱，决不讳过。

♡路遥知马力，日久见人心。

♡真正的友谊经得起历史的检验。

♡友谊易得，难保持。

♡不懂得友谊，就不会生活。

♡兄弟不一定是朋友，而朋友常常是兄弟。

♡爱朋友就是爱自己。

♡友谊是苦难的解药，灵魂的通气孔。

♡不眠知夜长，久交知人心。真正的知己，必互相信任。

♡真正的朋友，应该在朋友困难的时候，给予帮助。

♡真正的友谊，经得起逆境的检验。

♡友情要相互帮助。一个好汉三个帮，三人同行必有吾师。

♡天时不如地利，地利不如人和。

♡友情增喜悦，减悲哀。

♡财富不是朋友，朋友却是财富。

♡知心朋友，千金难买。

♡生命泯灭，友情永在。

♡关心，对于病人，有时比药物重要。

♡对别人的关心和善意，比任何礼物对其都更容易引起心灵的感应和思想的共鸣。

♡友谊是善意和爱心的滋养产生的和谐。

♡友谊是不同心灵的默契。

♡友谊像花朵，精心培育就能心花怒放。

♡如果任性或破坏，心上盛开的友谊之花，立刻萎颓凋谢。

♡树直用处多，人直朋友真。

♡包容是培育友情之树的土壤。

♡友谊是最神圣的。

♡友谊是慷慨的母亲，仁慈的姐妹，贪欲的敌人。

♡友谊值得特别崇拜，永远赞美。

♡真正的友谊，失去后才知道它的价值，后悔莫及。

♡要想和亲朋好友和睦相处，就要保持一定的距离。

♡距离产生美，其实就是，彼此尊重，彼此珍惜。

♡感情，没有取悦，只有真心实意的不离不弃。

♡人生若能牵手一人，心灵相通，冷暖与共，可谓幸福。

♡亲戚是上帝安排的，朋友是自己挑选的。

♡有朋友，世界就可爱。

♡与智者同行，必得智慧。

♡与污秽者为伍，自己也得污秽。

♡处逆境时不邀自来的人，是真正的朋友。

♡君子交以道为朋，小人交以利为朋。

♡朋友，言而有信，信为万事之本。

♡友谊，建立在同志中，巩固在真挚上，发展在批评里。

♡友谊，猜疑在奉承时，断送在伤害后。

♡友谊靠真诚。友谊用伪装、世故、应酬不能维持长久。

♡友谊也会有矛盾、有不同意见，要坦诚地交流与沟通，消除误会，友谊才得以巩固。

♡友谊的基础是信任。

♡不因小小的争执，远离至亲好友；不因小小的怨恨，忘记别人大恩。

♡一声轻轻的赞美，拉近了你我的距离。

♡别人需要帮忙时，要不吝地伸出自己的手。

♡微笑，是室内的灯光。

♡对朋友、亲人、爱人，来一份真、一份情、一份珍惜。

♡朋友，人帮人、心靠心，才能风雨同舟，天长地久。

♡栽刺不如栽花，结怨不如结缘。

♡滴水之恩，涌泉相报；赠人玫瑰，手有余香。

♡爱别人就是爱自己。

♡感谢你的敌人，他让你变得坚强。

♡人情，人情，人之常情，要乐善好施，长于交往。

♡人的情绪要储存。

♡遇事，换位思考。大事化小，小事化了，复杂事情简单处理。

♡人生中最美的是感情，人活着最难的是相知。

♡人生要交欣赏你的、有正能量、为你领路、肯指点你的人做朋友。

♡人要向前看，少翻历史旧账。

♡人与人保持一定的距离，远近自己定。

♡朋友之间的关系，以让自己愉快、别人轻松为原则。

♡为你的难过而快乐的，是敌人；为你的快乐而快乐的，是朋友；为你的难过而难过的，是该放进心里的人。

♡朋友不在多，真诚就行；感情不论久，用心就行。

♡珍惜在你每一次难过、伤心时，陪伴在你身边的人。

♡珍惜总是帮助你，只要能做到，绝对在所不惜的人。

♡珍惜肯为你打抱不平的人。

♡知人要知心，交人要交心，得人要得心。

♡世界上所有的距离都是可以测量的，唯有心与心的距离难以捉摸。

♡为了友谊，要学会如何保持坦诚和保守秘密。

♡最好的感情，久处不厌、闲谈不烦。

♡人际关系最重要的，莫过于真诚，而且要发自内心的真诚。

♡你要交友，就必须对吹捧者保持警惕。喜欢讨好献媚的人，是决不能做朋友的。

♡我们想交朋友，就要先为别人做些事，哪怕花时间、体力、体贴、奉献才能做到的事。

♡世间最美好的东西，莫过于有几个头脑和心地正直的朋友。

♡幸福感不在满足自我，而在满足"他人"的时候。

♡朋友的痛苦再小，也应充分注意；自己的痛苦再大，也不要放在心里。

♡友谊像生活中的明灯，照亮了我的灵魂，使我的生活有了光彩。

♡怜悯你的人不是朋友，帮助你的人才是朋友。

♡欢乐时，朋友会认识我们；患难时，我们会认识朋友。

♡真正的友谊需要用忠诚去播种，用热情去灌溉，用原则去培养，用谅解去照顾。

♡为朋友的成功高兴，需要高尚的人格。

♡结交朋友的方法，应该是给朋友好处，而不是向朋友索要好处。

♡真正的友谊是人生的无价之宝。

♡真正的友谊是一种缓慢生长的植物，必须经历并挺得住逆境的冲击，才无愧于友谊这个称号。

♡朋友，需要的不是数量，而是质量。

♡与有品位、人品好的人相处会提高自己。

♡真正的朋友不是不离左右，而是默默关注，一句贴心的问候，一句有力的鼓励。

♡真正的友谊会有一份笃定不移的信任。

♡交友要真诚，处世要独立。

♡朋友，淡淡交，慢慢处，会长久；感情，浅浅尝，细细品，有回味。

♡朋友如茶，需品；相交如水，需淡。

♡有友幸福，知己难得，知心难求。

♡风雨见真情，平淡见真心。

♡朋友是天，情意无边；朋友是地，幸运之泉；朋友是佛，保佑平安；朋友是福，吉祥天天；朋友是桥，沟通无限；朋友是酒，醉吐真言。

♡团结始终是力量之源，安定之柱，胜利之本。

♡团结，是人们基于一定的利益、目的、理想而建立的协调、和谐、一致的社会关系，伴随着人类社会产生而出现。

♡团结是历史发展的推动力。

♡一朵鲜花打扮不出美丽的春天，一个人先进只是一朵鲜花，众人先进才能装扮美丽的春天。

♡合群永远是一切具有善良思想的人的最高需要。

♡大成功靠团队，小成功只需个人。

♡协作在人需要的时候，它能帮助克服各种混乱和困难。

♡唯有具备强烈的合作精神的人，才能生存、发展，创造文明。

♡并肩协作是成功的秘诀。

♡要建立或维持一个健康的、有竞争力的企业，最简单也是最好的办法就是目标统一、策略一致，与公司员工成为并肩作战的伙伴。

♡一群人在一起工作，其效果并不像 $1+1=2$ 那么简单。两人协力，结果可能 3 倍甚至 5 倍于一个人的力量。

♡唯有全部员工和睦相处、团结协作，才能促进企业的进步和发展。

♡合作共赢，做大蛋糕。

♡为了实现目标，网上网下要形成同心圆。

♡自己跟自己和谐共处，自己跟别人就能相安无事，共同发展。

♡协作可以赢得友谊。

♡多一人协作，多一份福分，多一分力量。

♡以义为重，可以合作。

♡目标方向相同，就可以协作共事。

♡大厦的建成，需要一砖一石堆砌而成。

♡单者易折，众则难摧。

♡独树不成林。

♡大海之阔，非一流之归。

♡天下事非一人所能独办。

♡要有所作为，必须同舟共济、通力协作。

♡一朵鲜花只是美丽，一片鲜花的锦绣才是灿烂。

♡如今，靠单打独斗是不可能成功的。

♡一个人的力量，无法成就大事。

♡一项事业，多人协作，各人的责任就轻了。

♡大家共同努力，可以做出一个人所不能完成的事业。

♡智慧、双手、力量结合在一起，几乎是万能的。

♡像蜜蜂和黄蜂那样，聪明人应当团结协作。

♡志同道合是一种心灵的沟通。

♡友谊就是力量。

♡生活中无论什么事都和别人息息相关，所以同志间要相互信任、相互帮助、共同协作。

♡想在困厄时得到援助，应该在平日待人以宽，帮助别人。

♡有福不肯与人共享，有祸也不会有人同当。

♡让我们共同享受人生的滋味吧！

♡我们感受人生的滋味越多，生活得越长久。

♡共享是生活的一大乐事。

♡共享应该包含有物质的共享、精神的共享、文化的共享和幸福的共享。

♡现代社会，人的交往更密切，共享已成为时代的需要，成为人们共同的追求。

♡协作与共享，是社会向自由发展的必然。

♡享受成为习惯，会变成人的真正的需要。

♡智者是享乐的主人。

♡人要学会享乐，更要节制享乐。

♡协作共享是一种和谐。

♡共享是一种高尚的道德。

♡社会需要协作，需要共享。

♡患难时，给予协助，是一种情操。

♡学习的交流，是共享；施予，是共享；有成就，给予祝福，也是一种共享。

♡共享快乐，是一种幸福。

♡协作共享推动社会的进步。

♡私有不等于独享，共享不同于共有。

♡互联互通是贯穿"一带一路"的血脉。

♡网络空间是亿万民众共同的精神家园。

♡同舟共济，合作共赢。

♡人人参与，人人尽力，人人享有。

第八篇

家风·家德·家和

　　家庭是组成社会的基本细胞，家风与社会风气密不可分。家风正，则民风淳、政风清。习近平总书记曾强调指出："千千万万个家庭的家风好，子女教育得好，社会风气好才有基础。""家风是一个家庭的精神内核，也是一个社会的价值缩影。"

　　家风如镜。领导干部的家风问题，已经成为廉政建设的重要方面。家风家教的作用机理，决定其在培育和践行社会主义核心价值观方面的独特优势。在新时期注重用社会主义核心价值观引领家风建设，积极发挥家风的重要作用，大力挖掘和倡导优良家德、家规、家训，使家庭和睦、崇德向善、勤俭持家、诚信友善的清风正气融入全社会。

　　修身齐家治国平天下。

——《大学》

沐甚雨，栉疾风。

——《庄子·天下》

黎明即起，洒扫庭除，要内外整洁。一粥一饭，当思来之不易；半丝半缕，恒念物力维艰。居身务期质朴，教子要有义方。

——《朱子治家格言》

处人不可任己意，要悉人之情；处事不可任己见，要悉事之理。

——《格言联璧》

俗语所谓将心比心，如此则各得其平矣。

——朱　熹

一家仁，一国兴仁；一家让，一国兴让。

——《礼记》

忠厚传家远，诗书继世长。

——苏　轼

吾人立身天地间，只思量做得一个人，是第一义，余事都没有要紧。

——《高氏家训》

莫道名高与爵贵；须知子孝和妻贤。

　　　　　　　　　　　　　　　　——高则诚

　　世界上最有力的论证莫如实际行动，最有效的教育莫如以身作则；自己做不到的事千万别要求别人；自己也要犯的毛病先批评自己，先改自己的。

　　　　　　　　　　　　　　——《傅雷家书》

　　父子之严，不可以狎；骨肉之爱，不可以简。

　　　　　　　　　　　　　　——《颜氏家训》

　　心术不可得罪于天地，言行皆当无愧于圣贤。利在一身勿谋也，利在天下者必谋之。

　　　　　　　　　　　　——新的《钱氏家训》

　　读书志在圣贤，非徒科第；为官心存君国，岂计身家。

　　　　　　　　　　　　——《朱子治家格言》

　　老者安之，朋友信之，少者怀之。

　　　　　　　　　　　　　　　——孔　子

　　父母之年，不可不知也。一则以喜，一则以惧。

　　　　　　　　　　　　　　　——孔　子

　　老吾老以及人之老，幼吾幼以及人之幼。

　　　　　　　　　　　　　　　——孟　子

仁之实，事亲是也；义之实，从兄是也；智之实，知斯二者弗去是也。

——孟　子

婴儿非有知也，待父母而学者也，听父母之教。今子欺之，是教子欺也。

——韩非子

人行事施予，以利之为心，则越人易和；以害之为心，则父子离且怨。

——韩非子

读书，起家之本；循礼，保家之本；和顺，兴家之本。

——朱　熹

父不慈，则子不孝；兄不友，则弟不恭；夫不义，则妇不顺。

——颜之推

劳苦倦极，未尝不呼天也；疾痛惨怛，未尝不呼父母也。

——司马迁

爱其子而不教，犹为不爱也；教而不以善，犹为不教也。

——黄宗羲

结发为夫妻，恩爱两不疑。

——苏　武

做好人，眼前觉得不便宜，总算来是大便宜。

——《高子遗书·家训》

以孝悌为本，以忠信为主，以廉洁为先，以诚实为要，临事让人一步，自有余地；临财放宽一分，自有余味。

——《高氏家训》

善须是积，今日积，明日积，积小便大。

——《高氏家训》

家门和顺，虽饔飧不继，亦有余欢。

——《朱子治家格言》

慈孝之心，人皆有之。

——苏　轼

会桃花之芳园，序天伦之乐事。

——李　白

♡家庭是社会的基本细胞，是人生的第一所学校。

♡家风的重要性在于它是家教的长短得失的体现，是家教的外化。在形成一个人的基本品质方面，家庭的影响与作用往往大于学校。

♡家，是每个人出发的地方。

♡家风是每个人受教育的底色，时间越久，路越长，就越见家风之风范、之价值。

♡家风塑造个人，映射周边，影响社会。

♡家风是一个家庭得以延续和发展的内在精神力量，好的家风使人更加幸福，更有成就。

♡倡导优良家风，并将积极向上的家风融入世风、民风，有助于民族精神的塑造，有助于社会风气的改善与提升。

♡好的家风是推动社会和谐发展永不枯竭的燃料。

♡一个家庭的风气中有了分享，孩子在融入未来世界时就会关心他人，不以一己之私为私；父母在疲惫回家时依然不忘微笑，孩子就会乐观向上，不以一时困难为意。

♡家人有冒险精神，孩子就敢于面向未知的将来！而不会稍有阻碍就畏缩不前！

♡家风，抽象地说是一个家族提倡的品德、品性、品行，具体地说则是一家人（尤其是长辈）的行为习惯、做法。

♡每个人出生后首先接受母亲和父亲的训练，整个经意或不经意的训练就是家风的传递、传播和传扬的过程。

♡"孝""智""立"，就像家风三部曲，使人拥有健全的人格、智慧的头脑和良好的适应能力。

♡家风是家里面做人做事的一种意识和行为习惯，它传承的渠道和途径更多是耳濡目染。

♡家风是一个家庭特有的文化品性、行为准则和精神气象，是长期陶冶与浸润而形成的。

♡岁月流金，家风长存。

♡读书传家，学习立人。

♡家风就是一个家庭为人处世的价值追求和品质，家风是家庭群体道德与行为文化的反映。

♡家风实际上是家庭成员灵魂的土壤。

♡良好的家风是为别人多想一点，为自己少想一点；为公事多想一点，为私事少想一点。

♡家风是家中之魂。

♡学习型的家风，让家庭每个成员沐浴在文化的熏陶之中，让家中的每一个后代都受益匪浅。

♡家风，具有传承的力量，不仅要在家中延续，更要在工作中、社会中弘扬。

♡读书作为家风，是古今中外许多家庭的传统风尚和行为准则。

♡"仁、义、礼、智、信"也是家风，伴随一生，传道、授业、解惑，更是做人的作风。

♡诚实做人，与人为善，是中华民族许多家庭多少代人不断倡导、发扬并延绵下来的家风。

♡家风的形成是时间的积淀，也是优良风气的延续，它以各种形式渗透到日常生活中，影响我们的行为。

♡家的温暖潜移默化护我们成长，风的磨砺栉风沐雨助我们前行。

♡家风是心，彼此靠近；家风是魂，如影随形；家风是真，呼唤亲情；家风是爱，伴你前行。

♡家风是一条河，承载了家族的荣辱兴衰；家风如一书本，记录着家族的精神密码；家风似一首歌，高扬着生活的主旋律。

♡优美的家风具有浓郁的书香气息；注重长辈的以身作则、行为示范；强调平等对话，鼓励孩子自强、自立、自律；重视精神引领，促进孩子品格的形成、人格的塑造。

♡家风是"润物细无声"的传承，于无形之中为这个家的人刻上了家庭的印记。

♡历史的长河中，朝代变迁，万物变化，能让我们民族屹

173

立不倒的，就是家风的传承。

♡我们家的家风，没有几字箴言，没有古书碑刻，有的是潜移默化以及深深的感动。

♡家风更多的是一种氛围和环境，它给予人的影响是温和的、慢慢的、潜移默化的，它伴随着我们的成长与性格的形成。

♡家风是伴随我们成长的精神印记，子孙立身处世的行为准则。

♡良好的家风是成长的捷径，它滋养出好的品格和作风，于家有福，于国有利。

♡家风，是传家宝。

♡好的家风是无价的传家宝，犹如春风吹拂，每时每刻传递着和谐之美、道德之美、精神之美、行为之美！

♡好的家风培养出来的孩子，一定是阳光的、大气的、心中有爱的、敢于担当的。

♡好家风往往由长辈传递给晚辈，且代代相传，福报后人。

♡家风是家族代代相传沿袭的。它体现着家族成员精神风貌、道德品质、审美格调和整体气质的家族文化风格。

♡家风的形成，无关贫富，无关文化，只关德行。

♡家风从历史走来，植根于深厚的中华文化，具有强烈的道德感召力，让每个人都能从中得到启示。

♡将好的家风世代相传并使之延绵不断，是每个家族精神的传承，更是支撑起我们的民族精神。

♡家风，是一个家庭几代人文化思想的沉淀。

♡家风通过日常生活影响孩子的心灵，塑造孩子的人格，是一种无言的教育、无字的典籍、无声的力量，是孩子行为规范的一面"镜子"。

♡好的家风，做父母的就得事事从我做起，不断提高为人父母的素养，把自己当成正装镜，使孩子可以借鉴，可以信任，健康成长。

♡"忠诚"是家训，也是家风。

♡家风就像一棵树，一棵枝叶如盖的百年大树，子子孙孙都在它的荫蔽之下。

♡家风就是心底的一阵风，它会吹散你心中的乌云，它会清新你眼前的风景，它无形无色，却有无穷的力量。

♡有智者把家风总结成 40 个字：讲究道德，懂得尊重；重视学习，崇尚知识；勤俭持家，尊重劳动；家庭和睦，合理教子；尊老爱幼，邻里互助。

♡在家有家风，在校有校风，在社会有民风，三位一体，不可或缺。

♡发扬家风家教，梳理传统文化资源，激活优良传统的基因，唤醒传统美德的基因，才能夯实社会道德大厦的根基。

♡每个人对好的家风坚守、传承，我们国家一定会更加和谐、温暖。

♡家风不一定是脍炙人口的名言警句，也不一定是惊天动地的大事，只要是教导我们向善向好，就值得传扬。

♡家风，是困难前的坚持到底，迎难而上；家风，是选择后的无怨无悔，默默坚守；家风，是生活里的任劳任怨，勇挑重担；家风，是生命中的真心付出，全心去爱。

♡好的家风足以改变人的思想，它就如与世长存、必不可少的空气，教我们生活的道理、自然的哲理，让我们活得更有意义。

♡家风是一个个小家对社会主义核心价值观的诠释，其承载着浓浓的家国情。

♡良好家风是一个家的道德体现，它离不开时代的印迹，反映着时代的精神，也是实现中华民族伟大复兴中国梦的基石。

♡家风的传承离不开家谱和家训这个重要载体。

♡传承好的家风，是我们的责任。

♡家家有爱，人人幸福，社会才会安定团结。

♡家风，是塑造孩子的无形力量。

♡家风，要与时俱进。

♡古代讲究的孝悌、仁义、勤俭、谦让，现在则更多追求独立、奉献、分享、乐观。

♡学校是家风建设的土壤。

♡家风是中华民族传统美德的现代传承，让经典与家风同行，比单纯的说教更有效果。

♡家风是孩子道德发展的风向标，是潜移默化中形成的家庭氛围，需要父母共同建设。

♡良好的家风是孩子终身的财富。

♡家风是我们自身成人、成才的基石，也是教师专业发展的必需。教师会影响几十甚至几百个孩子童年的成长质量，也影响着这些孩子的父母和他们家庭当中家风的形成。

♡家风是家族成员代代相传的行为规范，是一个家庭赖以生息和繁衍的精神支柱。

♡家风也叫作门风。它是一种道德习惯，是比较稳定的、自觉的行为习惯。

♡家风最本质的是做人。

♡中国几千年的传统文化，有很多很多优良的家训、家规，最核心的问题就是做人问题。

♡家风是一种潜在的无形的力量，是最基本、最直接、最经常的教育，它对孩子的影响是全方位的，每个方面都会打上家风的烙印。

♡家庭有了好的家风，这个家就很和睦、很团结。

♡家风是家庭文化的积淀，是家庭文化的底蕴。

♡家风是一个家庭的风气、风格与风尚。

♡一个家庭的家规、家训形成家庭的公众行为习惯，即构成了家风。

♡家风相连成世风，世风相融振国风。

♡家风源自家庭立足于家庭，对社会进步、人性的升华、民族的凝聚、文明的拓展，都产生巨大而深刻的影响。

♡国是车，家是轮。传承好的家风，必然能影响、促进形成好的政风、世风、国风。

♡家风折射党风政风。

♡家风是连接个人、家庭、国家的纽带。

♡家是最小的国，国是千万家。

♡家风的特点，在实行。

♡家教门风，首要的就是要明辨是非，要知好歹。

♡家风是一个有影响力、有美誉度的家族必备的要素，也是一个家族最核心的价值。

♡家风乃吾国之民风。

♡重建良好家风，需要全社会共同行动起来，形成集体合力。

♡家风清则社风清，家风浊则社风浊。

♡家风的"风"字是"上以风化下，下以风讽上"。

♡一个词、一句话、一个家里的故事，一段家庭的记忆，都是家风的载体。

♡家风是润物的春雨；家风是暖人的阳光；家风是成长的摇篮；家风是美德的蓓蕾。

♡现代家风是中华民族传统美德的现代传承，是立身做人的行为准则，是社会和谐的基础细胞。

♡"家风、家规"，不仅是一家一户的事情，而且事关党风和社会风气，是时代的事情，国家的事情。

♡家风正则国运可期，家风劣则世态炎凉。

♡立好家风不易，传好家风更难。

♡家风传承应春风化雨，润物无声。

♡家风不是疾风骤雨，而是和风细雨；不是电闪雷鸣，而是润物无声。

♡家风就体现在平日里柴米油盐、买菜做饭、聊天打趣、邻里交往的生活琐事之中。

♡家风是践行价值观的第一粒扣子。

♡家风主要是对人生的启蒙，学风是对人生的充电，社会风气则是对人生的淬炼。

♡是不是倡导社会责任，这是现代家风和传统家风的重大区别。

♡家风是一种稳定的呈现，但需要与时俱进。

♡家是一份责任。

♡家是彼此的真诚相待，家更是能够白头偕老的漫漫旅程。

♡家就是和家人在一起的情感的全部。拥有它时，它平凡，为柴米油盐酱醋茶；失去它时，掏心掏肝也找不回。

♡家庭不是讲理的地方，夫妻之道"难得糊涂"。

♡人必有家，家必有训。

♡人要感谢三种恩情：父母之恩、老师之恩、上司之恩。

♡每个人的心中一定要有父母的位置。

♡父母自身要有情趣，要善于营造家庭里趣味性的生活氛围。

♡要与家中老人和睦相处。

♡家庭大事应主动征求并尊重老人的意见；经常询问老人的身体状况，老人身体不适时，主动陪伴老人去看病。

♡要抽出时间跟老人聊天；家中有什么活动，请老人一同前往；逢年过节，给老人送些礼物。

♡教育并带领孩子尊重、孝敬老人；对老人的合理要求，尽可能满足。

♡老人情绪不佳时，要忍耐；老人做错什么，也要包容。

♡人生之路多烦忧，有个人能陪伴着自己走过风风雨雨，相互扶持，共同撑起一个温暖的家，到老依然相守，就是"执子之手，与子偕老"。

♡可怜天下父母心，父母的"啰唆"其实是一种幸福。

♡每个人都会老，父母比我们先老，我们要用角色互换的心情去照料他们，才会有耐心，才不会有怨言。

♡看父母就是看自己的未来，孝顺要及时。树欲静而风不止，子欲养而亲不在。

♡父母是我们修行的最初对象，我们要尊重、要爱、要孝敬他们。

♡以前，皇帝选拔官员会把孝心放在第一位，一个连父母都不肯包容的人，不能尽孝道的人，何以容天下。

♡你再有钱，不懂得孝顺父母，别人照样瞧不起你。

♡父母用爱心、辛劳、心血、期盼来哺育、抚养、教育我们，慈恩比天高、比海深，需永远真心地孝敬父母。

♡亲情看似很挂心很累人，实际上很美很甜很高尚。

♡亲情是一种永远减不掉的思念，永远抽不去的牵挂，永远替代不了的关爱，永远忘不了的根。

♡距离和独立是一种对人格的尊重。

♡无论是对亲人还是朋友，都应该把握一个分寸，适度为最好。

♡家要关心、体贴、理解、包容、忍让，家要幸福。

♡家要讲爱，不可讲理；家要安静，不可吵闹；家要清爽，不可凌乱；家要真诚，不可虚伪；家要自由，不可强制；家要温存，不计小节。

♡父母恩，忘不得；师长教诲，牢记着。羔羊尚且知跪乳，人无孝行算哪个？

♡记住别人的好，这个家庭一定会其乐融融。

♡所有的家庭变动程度与社会变迁的速度快慢是基本对应的，这是家庭变动的一个大致规律。

♡家庭的状况、家庭的结构与功能、家庭的安危都与社会发展密切联系。

♡社会的变迁必然影响家庭，家庭的变化同样影响社会。

♡传统的家庭是社会的中心，它担负了大部分的社会功能。

♡"家"的观念根深蒂固。

♡家是一个五脏俱全的小社会。

♡人的一生就生活在一种相互依靠的家庭关系之中。

♡家庭具有育幼和养老的功能。养育儿女对父母来说是自己为养老进行储备，即"养儿防老"。赡养父母对子女来说，是自己对父母养育储存的延期支付。

♡尊老敬老是中国的传统美德。

♡"老"之背后"孝"。

♡以养老为本、敬老为先，是人与动物的区别。

♡让老年人安度余岁、终养天年是社会追求的共同目标。

♡老年问题已经是全世界广泛关注的问题。

♡乡邻间，包容越多相处越好。

♡人的疾病，70% 来自家庭；癌症 50% 来自家庭。你说家庭重要不重要？

♡家，因相互体贴，才能和谐美满。

♡家庭，无爱，恰似牢笼；有爱，就是港湾。

♡家庭的共同价值观，就在全家人围着一张桌子吃饭的过程中建立起来。

♡尊敬和照顾年长者是全世界任何地方人类社会中的少数不变的价值因素之一，它决定了人种的生存和进步。

♡是"人"，都要"老"，关心和帮助老年人实际上就是关心和帮助自己。

♡妇女的解放程度是衡量普遍解放的天然标准。

♡没有妇女的酵素就不可能有伟大的社会变革。社会的进步可以用女性的社会地位来精确地衡量。

♡妇女在创造人类文明和推动社会发展中具有伟大的作用。

♡真正的男女平等，只有在整个社会的社会主义建设过程中才能实现。

♡保护好共同的家园，顾全小家和大家，才能和平共处，才能有共同的未来，才能寻找和谐的生活方式。

♡地球是我们生活的家园，地球是人类的母亲，她毫不吝啬地满足人类的各种需要。

♡人类就孕育、繁衍于大自然之中；她以自己的慷慨为人类的生产、生活提供了多种资源。但是人类过分陶醉于对自然界的胜利，正在对自己的居住环境产生灾难性的影响。

♡"保护环境，拯救地球"，这是人类自己痛苦的呻吟！

♡在孩子面前尊重老人，当你老了的时候，他也会尊重你。

♡亲人不睦，家必败。

♡家庭是生活的环境。

♡既然支配环境的是人，那么人就应当依靠自己的智慧将家庭建设成自己所希望的样子。

♡青年作为社会群体的一种力量，有史以来就存在。

♡家庭教育也是需要技巧的，需要我们家长的智慧。

♡家长要有权威但不能专制，家庭要讲民主但不失原则。

♡父母对孩子的教育，身教重于言教，说一千遍，不如身范一遍。

♡父母不要把自己的孩子当成木偶。孩子有血有肉，人格独立，不要把自己的意志强加给孩子，他有自己的路要走，最好的爱是默默注视，适时放手。

♡温室的花朵，容易被风雨摧残。要把握原则、管住方向，让孩子自己去闯、自己去干，哪怕受点委屈、受点罪，哪怕摔跟斗、碰个头破血流，才能炼出钢筋铁骨，长大成人。

♡父母，是一场心胸和智慧的远行，是生命中一场深厚的缘分。

♡不能让孩子感到童年贫瘠，也不能让孩子觉得成年窒息，作为父母，应懂得进退。

♡给孩子最好的示范是，你们夫妻恩爱，你们幸福，你们有自己的事业，你们有自己的社会角色。

♡照顾和分离都是父母在孩子身上必须完成的任务。

♡作为父母，要让孩子的理性选择力、主动思维力、独立生存力生长，让孩子收获人生幸福，成长必备的人生长度、宽度和厚度。

♡孩子是在家长潜移默化的影响下长大的，正确地引导孩子很重要。所谓教育是三分教，七分等。三分教，指的是教诲要适量，说教过多产生逆反心理，适得其反。七分等，是指要尊重孩子的天赋秉性，让孩子去尝试、去体验、去失败、去成功。

♡孩子每天的经历，都将组合成为他们的人生，而父母又在很大程度上决定着他们的经历。

♡人生最难教育的是孩子。

♡每个孩子的后面，都站着一个家庭。

♡望子成龙的家长们，首先要做好的，是自己。

♡成绩好的孩子，妈妈通常是有计划而且动作利落的人。父亲越认真，越有条理，越有礼貌，孩子的成绩就越好。

♡贫穷是重要的教育资源，但并非越穷越有利于孩子的成长。

♡做父母的，要为孩子提供基本的文化资料，不让孩子陷入人穷志短的自卑深渊。

♡富裕的家庭如果没有更高级的教育技艺，反而给孩子的成长带来灾难。

♡不要做有知识没文化的家长。

♡父母可以把孩子作为世界中心，但不要忘了父母也要过独立的生活。

♡夫妻关系影响孩子的性格。

♡教育就是培育人的精神长相。

♡让孩子成为既有激情又有理智的人。

♡经常和孩子一起做三件事：一是和孩子一起进餐；二是邀请孩子一起修理玩具等；三是给孩子讲故事，并请孩子自己讲故事。

♡如果没有特别困难，父母最好每天赶回家和孩子一起进餐。

♡孩子成长三个关键期：3 岁前后，9 岁前后，13 岁前后。

♡孩子三岁前后，就必须建立自食其力的勇气和习惯。

♡父母给孩子讲道理是必要的，但要注意自己讲话的姿态，姿态比道理更重要。

♡有效的教育是先严后松，无效的教育是先松后严。

♡孩子 3 岁前后，他的身边最好有一位无为的放任型父母；孩子 9 岁前后，他的身边最好有一位积极的权威型父母；孩子 13 岁前后，他的身边最好有一位消极的民主型父母。

♡必须留意你的孩子的学习成绩，但不必太在意他的名次。

♡必须让孩子学会与他人交往并愉快地接受小伙伴。

♡让孩子尽早建立健康的审美观。

♡认真听讲的孩子偶尔成绩会好,但认真自学的孩子永远成绩好。

♡家长和孩子就像两棵彼此分离而又相互靠近的大树和小树。大树要为小树遮挡风沙,也要给小树留下足够的空间,感受阳光,吸收空气。这样,小树才能在属于自己的空间里自由伸展,茁壮成长。太靠近大树的小树是不能长成参天大树的。而远离大树的小树却要去独立地抵挡风沙,虽坚强无比却极易扭曲或夭折。

♡家庭教育,不仅要有方法,还有你的观念、你的自身素养同样是重要的。

♡家长要教好孩子,一是身教,自己怎样为人处事;二是清楚你期待孩子长成什么样;三是你教养的态度,是打骂,还是放任,或是骄纵;四是家庭环境,夫妻之间的关系等。

♡家长为了孩子,要放手。

♡家长留下金山银山,不如给孩子留下好心态。

♡家长要善于用爱的目光注视孩子,把爱的微笑送给孩子,用爱的语言教育孩子,用爱的细节感染孩子,以爱的惩罚约束孩子，还要用爱的胸怀包容孩子，把孩子培养成社会和国家的财富。

♡爱心教育，是家庭教育的一个核心。

♡家长的爱心对孩子要严格。孩子毕竟不是成年人，必须管教，长大后才能适应各种复杂的环境。

♡父母尽己所能支持鼓励孩子成为最好的自己，也以身作则支持孩子成为真正的自己。

♡今天的信息时代，家长不学习，很难教育好孩子。

♡家庭教育，就是孩子生命成长的教育，就是让孩子们萌生爱学习，会学习；爱生活，会生活；爱相处，会相处的意识，并乐于去实践和探究。

♡家庭教育，就是对"根"的教育，"心灵"的教育，只有"根壮"、"心灵好"、状态好，才能"枝粗叶茂"，这恰是"庄稼养根，育人养心"啊！

♡让孩子自治，从被动到主动，能打理自己，学会用客观标准约束自己。

♡让孩子从无知到有见识，勇于担当，敢于承担责任，逐步走向成熟。

♡父母与孩子要平等交流，由浅入深，由窄而广地交流，并伴随着他的成长，成为知心朋友。

♡孩子的成长需要同伴，让孩子有自己的朋友，也要警惕孩子沾染同伴的坏习惯。

♡对于孩子，教育不是管，也不是不管。在管与不管之间，有一个词叫"守望"。

♡父母是孩子最早的启蒙老师，看到孩子的态度，就能看到父母的素质与修养。

♡家长不要刻意要求孩子望子成龙，要引导孩子从小有一颗善良感恩的心。

♡孩子是父母的未来，父母更是孩子的未来！

♡"有其父必有其子"，孩子就是父母的版本。

♡孩子是一棵幼苗，要给他施肥、浇水，也要给他空气和阳光。

♡跟孩子沟通好是门功课，很难。

♡每个孩子都是张白纸，就看父母怎么画了。

♡孩子之美在于真。

♡不让孩子品尝饥饿，他们就不知道食物的价值；不让孩子品尝寒冷，他们就不知道温暖的可贵；不让孩子品尝挫败，他们就不知道成功的艰难。

♡孩子，不管爸妈有没有本事，你都要靠自己。

♡孩子，做事先做人，一定不能做伤害别人的事。

♡孩子，撒开手闯吧，实在不行，回家还有饭吃。

♡子女让父母安心才有福。

♡父母们不要把儿童当作大人的娱乐品，而是要通过家事安排，提供严格规律的生活，这对于子女有显著的好处。

♡对孩子的责任感是一切美德的基础。

♡对于孩子来说，家庭是憩息的场所、培养丰富的人性的土壤以及明亮无比的孩子之梦的温床。

♡儿童的举止主要是模仿得来的，染于青则青，染于黄则黄。

♡儿童的一般发展、记忆，在很大程度上取决于家庭里的智力兴趣如何，成年人读些什么、想些什么，以及给儿童的思想留下了哪些影响。

♡父母对自己的要求，父母对自己家庭的尊敬，父母对自己一举一动的检点，这是首要的和最基本的教育方法。

♡孩子本身，对成人来说，是个伟大的教育力量。

♡孩子的命运是父母创造的。

♡家庭在人的一生中，在儿童生长的每一个时期，是不可比拟的、重要的。

♡没有任何东西比父母对子女的关注和赞扬，更能使孩子感到快乐了。

♡每天，你看到孩子，也就看到了自己；你教育孩子，也就在教育自己并检验自己的人格。

♡母爱是多么强烈、自私、狂热地占据孩子心灵的感情。

♡母爱是世间最伟大的力量。

♡父母的榜样比理性更能影响孩子。

♡不能按照自己的观念塑造孩子；必须爱孩子，任他们的天性自然发展。

♡心平气和的、认真的和实事求是的指导，才是家庭教导技术应有的外部表现，而不应当是专横、愤怒、叫喊、央告和恳求。

♡以溺爱的方式对待儿童，只会造成儿童的不诚实、虚伪和自私自利。

♡教育孩子需要异乎寻常的耐心和一定的爱心。

♡允许孩子的个性发展，你就能把孩子抚育成一个幸福、心理健康的人。

♡作为现代的父母，重要的不是给孩子多少物质的东西，而是你倾注在他们身上的关心和爱。

♡家庭是习惯的学校，父母是习惯的教师。

♡家庭是孩子的第一所学校，父母是孩子的第一任老师。

♡父母要善于发现孩子身上的闪光点，给予赞赏的目光和鼓励的微笑，不要因为孩子犯错而严厉惩罚。

♡不要拿自家孩子和其他孩子比较。

♡父母要善于指导孩子从错误中学习，锻炼孩子，塑造其品格。

♡父母要鼓励孩子树立理想，做孩子成长路上的指路明灯。

♡父母要以身作则，为孩子树立好榜样。用潜移默化的方式把道理沁入孩子心田，而不要制定规矩，并强迫孩子去遵守。

♡父母要不断学习反思，调整自己的教育方式，不要自认为之前的经验足够用来教育孩子。

♡父母要给孩子足够的空间和自由，让他们探索世界，而不要当孩子一遇到困难，就迫不及待地提供帮助。

♡家庭成员应该人人平等，不要认为孩子应该绝对服从。

♡父母应该花时间陪伴孩子，倾听他们的心声，而不要把孩子交给学校，就不闻不问。

♡决定孩子一生的不是学习成绩，而是健全的人格修养！

♡父母应该帮助孩子建造一个良好的人生平台，让孩子有很好的人格修养，懂得做人，懂得成功的真正含义。

♡恋爱的过程，其实也是人生走向充实、走向幸福、走向成熟与美丽的过程。

♡纯洁的爱情是人生中一种积极的力量，幸福的源泉。

♡爱情是生活中的诗歌和太阳。

♡真正的爱情能够鼓舞人，唤醒你内心沉睡的力量和潜藏的才能。

♡婚姻就像一桌酒席，爱是主食，宽容、理解、信任、尊重就是一道道菜，欣赏、幽默、趣味就是酒和饮料。

♡家庭里面，夫妻、儿女，大家都要平等、和平相处，没有谁大谁小。

♡夫妻之间的和谐、尊重、相处，一定要有共同的信念、共同的语言、共同的生活，这对家庭就多了一层保障。

♡家最为关键的问题是处理好夫妻之间的关系。"百年修得同船渡，千年修得共枕眠"。

♡最理想的夫妻关系是，亲密而带着适当疏离，坦诚而保留部分隐秘，既可两情缱绻，又有个人天地。

♡亲人之间，距离是尊重；爱人之间，距离是美丽；朋友之间，距离是爱好；同事之间，距离是友好；陌生人之间，距离是礼貌。

♡家庭是建立在婚姻和血缘关系基础上的，是以夫妻子女为基本成员的共同生活的基本社会群体。

♡结婚成家是人生的重要阶段，是一个人从幼稚走向成熟，获得社会认可的重要标志之一。

♡中国传统的婚姻是一种父母之命、媒妁之言的婚姻。结婚是整个家庭的事件，而非个人的事。

♡夫妻首先是夫妻：夫 + 妻 = 家。

♡夫妻是知己，夫妻是同事，夫妻是同志。

♡夫妻是生活导师，夫妻是心理医生，夫妻是出气筒。

♡夫妻好比两条腿，要站稳，要走路，谁也离不开谁。

♡相爱、相持、争吵、忍耐，这就是夫妻。

♡夫妻间，包容越多感情越浓。

♡中国人善于欣赏和表扬孩子，也要用欣赏的眼光看配偶。

♡婚姻幸福的首要任务，就是学会沟通和解决矛盾。

♡多一点天真、单纯，多一点爱心、好奇心，对提升婚姻幸福感很重要。

♡夫妻关系影响孩子的性格。

♡夫妻的体贴在于生活上的细节。

♡对终身伴侣的要求，正如对人生一切的要求一样不能太苛刻。

♡夫妻关系是人际关系中最密切最长久的一种。

♡婚姻是生命的赞歌，它需要爱心、责任、理解、勇气和牺牲这些多声部的配合，才能伴随你的一生。

♡夫妻间的和睦需要双方都既不掩饰自己，又能协调相处。

♡和睦夫妻间的谈话是亲切、平凡、饶有滋味的。这些菜肴，虽配料简单，但比珍馐美味更受欢迎。

♡婚姻成功的秘诀在"顺从"和"忠诚"两个词中。

♡婚姻的失败，对于一个家庭来说，是灭顶之灾。

♡婚姻的唯一伟大之处，在于唯一的爱情和两颗心的互相忠实。

♡婚姻是两个人精神的结合，目的就是要共同克服人世间的一切艰难困苦。

♡婚姻是两心相印、相思、相让的结合。是青春的结束，人生的开始。

♡信任是婚姻关系中两个人所共享的最重要的特质。

♡在幸福的婚姻中，每个人应尊重对方的趣味与爱好。

♡只有爱情才能使婚姻神圣，只有使爱情神圣的婚姻才是真正的婚姻。

♡家庭和睦必须要尊敬老人；要教育好子女；要处理好婆媳关系；夫妻要恩爱，这是核心。

♡夫妻要互敬、互爱、互信、互邦、互慰、互勉、互让、互谅。

♡家，是在相扶相承中为我们撑起的一片爱的天空。

♡家，是在困难与挫折中所寻求的一座温馨的港湾。

♡家有温馨，日有笑靥，夜有香梦，人有真情。

♡家和万事兴。只有家庭的和睦，才能万事兴隆。

♡人生的真谛在于享受淳朴的生活，尤其是家庭生活的欢乐和社会诸关系的和睦。

♡我们在家里过着舒适生活的同时，也要好好体会自由自在地在大自然中享受阳光、空气、山河的怡人气象。

♡家是一个放松的地方，让人心情舒畅，怡然自得。累了、烦了、伤了、痛了……还有家可以回。

♡家，是它让我们感到满足。在家里，可以敞开心扉，拥有信任，得到理解。

♡家庭，有趣才有生机，有趣才有活力，有趣更生智慧。

♡千里纵横，你得有个家；万众首领，你也得有个妈。

♡家庭之美在于和。

♡家是遮风挡雨、安身立命之所在；家还是归宿，是和平，是精神漂泊者渴慕的故乡。

♡"爱"是家庭幸福主要的源泉。

♡男女都需要有伟大的情操，为对方设想，互爱，奉献，才能有未来美好的家庭。

♡一个美好的家庭，要有真正的认知、信赖、缘分、宽谅，才能有祥和圆满的幸福。

♡人的一生最大的幸福，莫过于家庭的幸福；最伟大的亲情，莫过于夫妻之情；最有必要的忍让，是夫妻间的忍让；最不容忽视的关心，是夫妻间的关心。

♡家是一个可以为我们遮风挡雨的地方，家是一个可以给我们温暖、给我们希望的地方，家是一个可以让我们停靠的港湾，家也是我们精神上的寄托。

♡梦不论在何方，一生的爱唯有家，家才是我们幸福的港湾。

♡没有家庭的和谐，就没有社会的和谐；没有家庭的平安，就没有整个社会的安宁有序。

♡家庭是幸福的源泉。

♡家庭是社会的细胞，也是我们了解社会的窗口。

♡家庭是社会发展到一定阶段的历史产物。家庭既是一种制度，也是一种文化。

♡只要家治理好了，世事无有不成。

♡一家人，包容越多幸福越多。

♡家和万事兴，和谐同乐。

♡良好的沟通是幸福的基石。

♡家是一种文化；家是一段时光；家是一种情怀。

♡家庭的美，是晚餐温暖的粥饭，家人围炉的夜话；是妈妈温暖的目光，父亲厚实的手；是孩子欢乐的戏耍，脏兮兮却带笑的脸颊。

♡爱就是相互忍让，彼此真诚，共度一生。

♡家人互相结合在一起，才真正是这人世间的唯一幸福。

♡家是父亲的王国，母亲的世界，儿童的乐园。

♡家是世界上唯一隐藏人类缺点与失败，而同时也隐藏着甜蜜之爱的地方。

♡家庭永远是人类社会的基础。

♡家庭生活的乐趣是抵抗坏风气毒害的最好良药。

♡家庭，儿童在这里生活着、成长着，它是人生的主要快乐。

♡家庭是世间最美丽的景象。

♡家庭，人类美好的生活在这里实现，人类胜利的力量在这里滋长。

第九篇

养老·乐老·健康

莫道桑榆晚，人间重晚晴。老龄化作为人口新陈代谢的方式，是人类社会发展的必然，是经济社会发展不可避免的挑战。目前，我国60周岁及以上人口已达2.22亿人，占全国总人口的16.1%，预计到2020年老龄人口将增至2.6亿人。

人生的第二春当从60岁开始，这是辩证法。老同志的身上凝聚着巨大的正能量，他们的引领作用必将延续党的血脉，传承红色基因，影响社会心理，促进社会和谐。老同志必须严守党的纪律和政治规矩，守住共产党员为人、做事的基准和底线，永远阳光向上，为党和人民的事业增添正能量。

老，是人老了，是身体老了。不老的是心，是时间，是精神。

生如夏花之绚烂，死如秋叶之静美。

坐而假寐，醒时弥觉神清气爽，较之就枕而卧，更为有益。

——李时珍

惜精养神，服食众药，可长生也。

——彭　祖

害成于微而救之于著，故有无功之治。

——嵇　康

精神不运则愚，血脉不运则病。

——陆九渊

匿病者不得良医。

——董仲舒

所食之味，有与病相宜，有与病有害；若得宜则益，害则成疾。

——张仲景

人生太闲，则别念窃生；太忙，则真性不见。

——《菜根谭》

君子有三戒：少之时，血气未定，戒之在色；及其壮也，血气方刚，戒之在斗；及其老也，血气既衰，戒之在得。

——孔　子

口之所嗜，不可随也；心之所欲，不可恣也。

——葛　洪

善养身者，使之能逸而能劳，步趋动作，使其四体狃于寒暑之变，然后可以刚健强力，涉险而不伤。

——苏 轼

务存节欲，以广养生。养老之要，耳无妄听，口无妄言，身无妄动，心无妄念，此皆有益老人也。

——孙思邈

道可道，非常道。

——老 子

重为轻根，静为躁君，是以君子终日行不离辎重。

——老 子

故智者之养生也，必顺四时而适寒暑，和喜怒而安居处，节阴阳而调刚柔，如是则避邪不至，长生久视。

——《黄帝内经》

养身莫善于习动，夙兴夜寐，振起精神，寻事去作，行之有常，并不困倦，日益精壮。

——颜 元

静则神藏，躁则消亡。

——《黄帝内经》

与其救疗于有疾之后，不若摄养于无疾之先。

——朱丹溪

一身动，则一身强；一家动，则一家强；一国动，则一国强；天下动，则天下强。

——颜　元

水之性不杂则清，郁闭而不流，亦不能清，此养神之道也，散步所以养神。

——《南华经》

怡养之道：勿久行，久坐，久卧，久言。不强饮食，亦忘忧苦愁哀。饥即食，渴乃饮，食止行百步，夜勿食多。凡食后行走，约过三里之数，乃寝。

——《枕中方》

安则物之感我者轻；和则我之应物者顺，外轻内顺，而生理备矣。

——苏　轼

酒极则乱，乐极则悲，万事尽然。

——司马迁

节食以去病，寡欲以延年，已饥方食，未饱先止。

——苏　轼

起居时，饮食节，寒暑适，则身利而寿命益。

——管　仲

一箪食，一瓢饮，在陋巷，人不堪其忧，回也不改其乐。

——《论语》

饮食不节，杀人顷刻。

——《本草纲目》

中药是圣人为使人不过早夭折，渡过难关而制的。

——扁　鹊

阳气盛时鬼怕人，阳气衰时人怕鬼。

——孔　子

人体欲得劳动，但不当使极耳。动摇则谷气得消，血脉流通，病不得生。譬如户枢，终不朽也。

——华　佗

养性之道，常欲小劳，但莫大疲及强所不能堪耳。

——孙思邈

上古有道之人，效法阴阳，遵循规律，起居有常，不做违反天道之事，故能神形统一，度百余岁而去。而今一些人则不然，以酒为浆水，逆天地而为，醉酒做爱，为极力满足性欲狂泻元精，精枯而神散，故半百而衰。

——《黄帝内经》

♡人生百年，不过是个过程，好坏冷暖自如，不为他人所动，追寻轻松自然。

♡老人不攀比，不计较，知足而乐，减少欲望，看山是山，看水是水。

♡人不会因为养生而倾家荡产，却有人因为没有健康的身体而倾家荡产，人财两空。

♡生命里没有如果，只有后果和结果。趁早重视自己，重视自身健康，才能晚年快乐无忧。

♡老年朋友不要一味地沉浸于过去的回忆中，而要积极乐观地向前看，过好人生中最最黄金的二十年！

♡一个人有生必有死，但只要你还活着，就要以最好的方式活下去。

♡知天命就是内心有一种定力去应对外界。

♡中华民族有一种美德叫孝敬。

♡真正的孝敬，是一个人用对自己长辈的心推及社会。

♡爱自己的长辈，就意味着包容和尊重长辈的习惯。

♡老年朋友注重身体养生的同时，还要加强心理"养

207

生"，记住这"七少"：少怒、少欲、少色、少言、少食、少卧、少坐。

♡人老了，指望谁？自己，自己，还是自己。

♡人到退休后，如果父母健在，就是福气，要孝敬点儿；人到退休后，如果有爱人相伴，就是缘分，要体贴点儿；人到退休后，如果有朋友常聚，就是运气，要珍惜点儿；人到退休后，如果家庭团圆，就是喜气，要用心点儿。

♡人退休后，调整好心态，万事都看开；抱怨放一边，人见人就爱；留下平常心，随缘才实在。

♡想当年，拼搏，努力，奉献，我们无怨；看今朝，难忘，自豪，骄傲，我们无悔。

♡老年生活是一个人一辈子的积累在最后阶段的体现，要有自己的兴趣、追求，可大可小。

♡老年人要提前做好年龄段转换期的心理准备和物质准备，才能活得自由自在。

♡老人趁着还"心血来潮"，想办的事抓紧办，不论大小，一定不拖沓。

♡老年人觉得该记下来的事，一定要记录下来，说话本身就是有声的文章。

♡养老根本的还是要靠自己。

♡精神好，病不找；精神好，病不倒；精神好，病能好；精神好，病早好。

♡快乐是一种心境，是一种主观感受。在任何境遇中，都要快乐，乐其所乐，苦中作乐。随遇而安，知足常乐，自得其乐。

♡万水千山总是情，没有健康真不行。

♡智者花钱养生，愚者花钱治病。

♡世上最好的长寿药就是喝水、睡觉、走路、唱歌、群里冒泡这五样。

♡感悟，是人类一切思维活动中的至高境界。不仅学贵善悟，人生也贵善悟，人至老年尤其需要善悟。

♡感悟，需要胸怀，需要智慧，需要知识，也需要启发。

♡西下之夕阳恰是东方之朝阳。黄昏也是起航时，老年亦是人生的黄金时期。

♡作为老年人，要勇于面对老年，要乐于面对老年，要善于面对老年。

♡人生有起点，也就必然有终点。但退休绝不是人生的终点，它只是连接起点与终点之间的一个"结"。

♡人不能期望长生不老，也不能企求终身为官。能为官一任，造福一方，该当自慰。

♡在人生的字典中只有"曾经"一词，从没有"永远"二字。

♡退休离职者能否尽快适应新的生活，心态决定一切。

♡退休无论对生活、事业，还是生命来说，都是一个新的起点。

♡退休是人生中的一个台阶。当你离开工作岗位时，要乐观愉快，用热情去拥抱，要倾心投入，那你的生命就会再次闪现新的火花。

♡年龄不是衰老的唯一标志，不要让年龄成为生活的障碍。

♡青年人有他们的晨曲，老年人应有自己的夜曲，夜曲与晨曲一样美丽。

♡人生应该如蜡烛一样，从顶燃到底，一直都是光明的。

♡生是偶然的，死才是必然的。

♡我们来到世上，本身是一种幸运。

♡有生有死才是一个完整的人生过程。

♡人不能长生不老，但可以延缓衰老，可以死而不灭。

♡老年人重要的不在于过去如何，而在于怎样把今后的路走得更好。

♡对待死亡的最好办法是珍惜生命的每一天，忘记年龄，保持童心，充满热情，充满自信。

♡健康快乐是老年人生活的首要目标，也是全部生活的根本支点，离开了这个"点"，其他一切均会失去光泽。

♡凡有条件的老年人，应当拿起手中的笔，把它当作一种催生年轻的武器。

♡写作使你精确，生活更加充实，思想更加深邃。

♡夕阳与朝阳都是美丽的。

♡人进入晚年，让有限的时光依然灿烂，应当重视思想境界的修炼，要勤于学习，善于思考，从容大度。

♡老年人要快乐，要多一点彻悟，自己解放自己。

♡自己要放弃许多的"应该"，拥有许多的"满足"，把自己当作别人，把自己当作自己。

♡老年人需要快乐，犹如禾苗需要阳光和雨露一样，快乐折射出你的情绪，还包括你的心态、心境、心力、胸怀和气度等等。

♡幸福的真谛在于心情舒畅。

♡感受幸福是一种方法，更是一种修养和境界。

♡运动是延年增寿的秘诀之一。

♡旅游是一种休闲，更是一种文化。

♡重视旅游，老年人需要充分发掘自己的精神生活，丰富自己的内心世界。

♡有人生就有娱乐，娱乐是老年人生活中不可缺少的组成部分。

♡娱乐可以消遣，增长智慧，增强体质，促进交往。

♡幽默是老年人快乐的伙伴。它能帮助你调整心态，排除失意，消除烦恼，具有独特的魅力，充满青春活力。

♡老年人应当尽量避免孤独，孤独不可怕，关键是不要失去信心。

♡老年人应学会独处。

♡独处是老年人一种特殊的生活方式。独处首要的是保持心静，要勇于面对，乐于面对，善于面对。

♡老年人要视健康为至美，爱美更爱健康。

♡美是一种追求，也是一种境界。

♡美的真谛在于自然和纯真。

♡人都会遇到忧虑。老年人要提醒自己，不要因忧虑而毁掉心中的快乐，而失去对生活的信心，应当永远保持乐观的态度。

♡偏见具有很强的顽固性。老年人要提醒自己，少一点自以为是，少一点固执己见，这对于保持健康快乐大有好处。

♡人从工作岗位退下来后，要学会以变应变。在应变中重新找准自己的位置，演好自己的角色，充实自己的生活，为自己设计一张新的生活日程表。

♡意念具有非凡的潜在力量。

♡老年人要生活得健康快乐，务必学会积极的意念引导。

♡养生首先要养心。

♡养心贵在静心，养心务必养德，养心重在养神，这样，你就拥有"不老之药"。

♡保持良好的心态，就是遇到什么情况，都能保持心理平衡，善待生命，善待生活。

♡人的心境不仅系着人的心情和感情，也系着人的生命。

♡老年人要保证身体健康，就必须保持心境敞亮。

♡人心是人体的原子弹，其力量无法估计。

♡我心则宇宙，宇宙则我心。

♡老年人不要自私，不要狭隘，不要软弱，就能拥有一颗坚强的心。

♡童心无价，童心无比珍贵。

♡老年人童心不泯，其乐融融，可以抚平心头的皱纹、心上的"老年斑"。童心是你的"不老之药"。

♡老年人要善于知足，善待挫折，使自己的心窗多一些敞亮，生活更富有意义。

♡人进入老年后，容易产生委屈感，要正视委屈，战胜委屈。

♡人要做委屈的主人，决不能成为委屈的奴隶。

♡老年人对待抱怨的最好办法是装聋作哑，一笑了之。

♡老年人为了避免猜疑，除了要扩展胸怀之外，还应十分注意保持良好的心境。

♡忌妒是人性的一种弱点。

♡智慧老人应不断地提升自己的思想境界，还应把握自己的心态，防止忌妒心的侵扰。

♡豁达是一种精神境界，一种高尚品德，一种人生艺术。

♡作为老年人，要学会自信、宽容和放弃，多一些豁达和大度。

♡老年人要学会休息，要懂得休息的哲学。

♡休息，或坐着、站着、躺着，都是一种存在方式；人的体力就是在这些方式的改变中得以休息的。

♡人退休，不能退离家庭，家庭是你唯一可以终身安守的地方。

♡老年人应当把家庭视为安度晚年的人间天堂，将居家养老作为首选的生活方式。

♡和老伴之间，给彼此留一点空间。

♡和子女之间，保持"一碗汤"的距离。

♡和亲人之间，不能没有恭敬心。

♡烦恼天天有，不捡自然无！

♡开心就好，有饭可吃，有觉可睡，有衣可穿，有山可爬，有水可喝，有书可看，有事可做，有路可走，有人可伴就是最好！

♡身老千万心别老，精气神，年迈更重要。

♡顺其自然为最好，心舒畅，晚年乐逍遥。

♡在平凡的生活中发现快乐才是智慧。

♡美好的，留在心底；遗憾的，随风散去。活在当下，且行且珍惜。

♡爱情与婚姻是人类共同拥有的天性。

♡老年人需要爱情与婚姻，犹如老树也需要阳光和雨露一样。

♡老年人需要儿女的关爱，与儿女需要父母的呵护一样重要。

♡敬老应当包括经济上供养，生活上照料，精神上抚慰三个方面。

♡老年人需要亲情，而在各种亲情中，最重要的莫过于儿女之情。

♡老年人，有充实的精神生活远比富裕的物质生活更加重要。

♡人一定要热爱生活，厌倦与应付生活均无异于浪费生命。

♡珍惜生命，务必善待热情。

♡老年人不要被不幸扰乱你的心智，动摇你的意志，解除你的武装，最好的办法是正视它，迎战它，超越它。

♡老年人不要自寻烦恼，烦恼影响健康。

♡烦恼可以减少，也可以消除，关键在于我们自己，在于自己的心态。

♡老年人更需要倾吐，倾吐是精神的需要，也是躯体的需要。只是倾吐要注意什么时候，对谁，怎样去倾吐。

♡人到老年，与其精明一些，不如糊涂一些更好，它恰恰是一种更加机智的精明。

♡老年人决不要轻易与别人怄气，其付出的代价，远大于十次忍让。

♡忍让是一种美德，也是一种境界。

♡老年人要善待自己，善待生命，善待财产。

♡对老年人来说，情感也是生命的象征，务必像珍惜生命一样去珍惜情感。

♡要警惕心理上的压抑、苦闷和孤独，注意情感的"双向运行"。

♡老年人更需要人情。人情，乃人之常情。人情与理为友，与义为邦。

♡欲同人情相识相随，最好的途径，便是保持内心的真诚。

♡幸福的老人，都有较好的人缘，重要的在于你喜欢它，更在于善待它。

♡人从工作岗位上退下来后，要切忌消沉。

♡消沉是意志的钝化，是情感的冷漠，是失意的影子。

♡老年人中人才济济，社会应重视挖掘和用好"银发人才"。

♡社会依靠老年人的技能、经验和智慧参与国家建设，可以改善老年人的生活条件，又可以丰富精神生活。

♡老年人因为消极等心头的雾而损害自己的心境，影响自己的健康。

♡战胜消极的最好办法是，始终保持乐观向上，始终对生活充满热情。

♡作为老年人，对于怜悯之心的入侵，要有一种特别的防御功能。

♡人越到晚年，越要提防恐惧心理的侵扰，要正确对待衰老、疾病和死亡。

♡老年人要避免自杀，最重要的莫过于热爱生活。

♡老年人需要友谊，犹如青年人需要爱情一样。

♡友谊是一种精神营养，对待友谊要舍得花时间，不要怕麻烦。

♡人到晚年，思念亲人，思念朋友。

♡人不能没有朋友，要学会交友，就必须珍惜友谊。

♡老年人应当注意，友谊靠朋友，交友忌苛求。

♡老年人在回忆过去时，要学会记住，要学会忘记，该记住的要记住，该忘记的要忘记。

♡记住是一种聪明，忘记是一种智慧。

♡人退休离职不是人生的终结。人的一生是否成功，要看过去，也要看晚节。

♡不是命运决定人生，而是人生决定命运。人生是壮丽的，命运才会是闪光的。认识和把握命运，关键是要破除迷信。

♡矛盾、问题、困难、挫折都可能引来遗憾，老年人应成为驾驭遗憾的高手，而决不可成为其奴隶，从值得回味的遗憾中吸取营养，其他事情就让它永远过去吧！

♡满足对老年人来说，是一种"圣物"。"知足"才能"知福"。

♡多一分满足多一分快乐。

♡用"满足"去填充那欲望中的"空缺"。

♡美名也是生命的别名。

♡虚名是虚荣的影子。老年人对于虚名的最好办法是忘记，忘记得越早越好，忘记得越彻底越好。

♡人为名利所累，无异于自讨苦吃。

♡自重，就是注意约束和规范自己的言行。自重是一种修养，也是一种美德。

♡老年人在自重方面，要有长者风范，要有大将风度。

♡心底无私品自高，品自高者寿自长。

♡自信心不倒，生活就会充满希望。

♡理智是一种修养，也是一种能力。老年人在任何时候都应当保持理智而不感情用事，否则，会招致痛苦。

♡人到老年，要以微笑面对生命。

♡在微笑中仰望生命，即使是死亡，也把它看作是生命的最后一次开花，把花朵撒在路上，把芳香留给后人。

♡人生的高潮在退休之后。

♡在思想者的字典里没有退休这个词。

♡生则只争朝夕，死则从容归去。

♡坚持人生有目标，行动有计划，每天有安排。

♡有读书学习相伴，心理年龄永远不会衰老。

♡生命不息，读书不停，学习不止。

♡青年是诗，中年是散文，老年是论文。

♡心有目标人不老。

♡退而不休，老而有为。

♡老年如花。

♡五十岁是傲霜的菊；六十岁是雪中红梅；七十岁是出污

泥而不染的荷花；八十岁是耀眼的千日红；九十岁是秋阳中的满天星；一百岁是不败的四季棠。

♡能吃能睡就是福气；忘仇忘怨便会和气；钱多钱少都要神气。

♡老，必须老得庄严；老，便要老得干净；老，务必老得清香。

♡看开、看淡、看远，怎么快乐怎么过。

♡做个有趣的人，充满好奇，像孩童一样。

♡有家人陪伴，有朋友关心，有健康的身体，这是幸福的老人。

♡和自己做朋友。

♡善待自己，对自己少些苛刻的要求。

♡不要忘了老伴的生日。

♡老人要偶尔制造一点惊喜和浪漫。

♡只要心不长皱纹，还是年轻人的心态。

♡老人不是养老，而是享老。

♡要积极寻找乐观向上的老人人生观。

♡老人不是养老，而是乐老；老人不是包袱，而是财富；老人不是废物，而是资源；老人不是衰老，而是成熟；老人不是老来苦，而是老来福；老人不是负能量，而是正能量；老人不是家中草，而是家中宝；老人不是落伍者，而是跟潮人；老人不是无所作为，而是大有可为；老人不是发挥余热，而是开创辉煌；老人不是日薄西山，而是红霞满天。

♡人生的日子越来越少，剩下的日子越来越重要，越值得欣赏。

♡活到老，醒悟到老，快乐到老。

♡老人自己照顾好自己，是对子女最大的支持和帮助。

♡人到老年，结交新朋友，不忘老朋友。

♡老人最大的智慧是乐观；老人最大的本钱是尊严；老人最大的无知是抱怨；老人最大的享受是活出自我；老人最大的境界是顺其自然。

♡老人自爱，能让孩子少操点儿心。

♡关爱子女而不失尊重，亲近孙辈而不妄图占有。

♡顺其自然者，长寿；知足常乐者，长寿；饶人百忍者，长寿；胸怀宽阔者，长寿。

♡到了老年，没有压力和烦恼，人生是那样的从容、真实和美好。

♡老年人每一天都是节假日，都是双休日，都是旅游日。

♡退而不休，做自己感兴趣的事业。

♡不少诺贝尔奖得主 60 岁以后夺冠，说明老年人是又一个创业的春天。

♡退休以后，从整体上说，已经获得身心的自由，做了自己的主人，这是一种人生旅途的解放和新生，是一个新的黄金时代的开始。

♡60 岁以后，留点羡慕给自己！值得为自己骄傲！

♡老人，适度的懒是放松，是休闲，是爱自己的一种表现。

♡学会正确、科学地懒，晚年生活才会更幸福更快乐。

♡老人养生"懒"的内涵：天气不好，懒得起早；不合口味，懒得多吃；步履稳健，懒得发步；闲言碎语，懒得去理；装聋作哑，懒得生气；少虑多眠，懒得心烦。

♡老年人要学会拐弯。

♡老年人要学会自己哄自己。自己哄自己开心，周围的人都心平气和了。

♡老人要学会内心富足。

♡健康第一，活得糊涂一点，潇洒一点，快乐一点。

♡80 岁的年龄，70 岁的模样，60 岁的时尚，50 岁的包装，40 岁的追求，30 岁的理想。

♡老年人适度"老来俏"，是自己身心健康的需要，也是现代文明的需要。

♡老人要活得开心、活得漂亮、活出自我、活出个性。

♡老人不是倚老卖老，而是德高位尊。

♡老人不是社会边缘人，而是社会主体之一。

♡老人不是活到老混到老，而是活到老学到老。

♡人生老去的是岁月，不老的是心态；人生老去的是白发，不老的是精神；人生老去的是皱纹，不老的是成熟。

♡爱悟的人不老。活到老，悟到老，老要悟。

♡以德解怨不易老。

♡善良是养生的一大营养素。

♡老人要优雅地老去。

♡把自己的寿命、健康延长到极致。

♡老人要学会智商、情商、健商、成熟商的智慧养生法。

♡智者寿。

♡活到老，学到老，思考到老。

♡善于学习，合理用脑，脑体结合，防衰抗老。

♡忙也乐观，闲也乐观，心宽体健养天年，不是神仙，胜似神仙。

♡对于老人来说，心力强必不可缺。

♡少想自己的年龄，保持一颗"不老心"。

♡"年轻化"的心态会使免疫功能"年轻化"，保障人体各器官功能协调稳定。

♡忘病不是不积极治病，而是不被疾病压倒，不丧失战胜疾病的意志。

♡疾病直接或间接影响精神心理因素。

♡消除"人老珠黄"的心态，有益于身心健康。

♡老人打扮得漂亮潇洒一点，别人看着有活力，自己感觉也舒心。

♡遇到气愤之事，要想得开，忘得掉。

♡常生闷气或"怒发冲冠"，会使气血堵塞，血压升高，心跳加速，甚至危及生命。

♡死亡，一个重要原因是食物造成的。

♡想活得健康，务必身体力行，改变你的饮食吧！

♡活不过 90 岁，那就是你的错。

♡没有健康很难享受小康，对健康一定要上心、用心和关心。

♡要健康，就要因人而异讲究生活习惯。

♡把有利于健康的一切因素发挥到极致，人就能长命百岁。

♡人的寿命除了遗传因素不能改变，其他的都可以调整；其他因素的调整会激活遗传因子从而延长寿命。

♡记住"爱心数字"：140、6、543、0、268。140 指血压、6 指血糖、543 指血脂的达标值、0 指零吸烟、268 指的是腰围。

♡最好的健康医生是你自己。

♡掌握健康知识越多，自我保护的能力就越强，这对于抗病、防衰有重要意义。

♡明医理，懂健身，益长寿。

♡老年人养成几个按时的习惯，对于身体健康是可以事半功倍的。

♡老年人日常保健的几个"按时"：按时休息；按时吃饭；按时睡觉；按时喝水；按时锻炼；按时如厕；按时体检。

♡不过咸，不过甜，不过饱，不过黏，不过荤，不过晚。

♡养生靠自己，修德、养神、得乐、寻趣、排忧、制怒、节欲、控喜、息怒。

♡养生以怡情，怡情而延寿。

♡好习惯是健康长寿的银行；适营养是健康长寿的保障；佳心境是健康长寿的免疫剂。

♡养生有"三三"，即三戒：少年戒色、壮年戒斗、老年戒得；三有：饮食有节、起居有常、劳逸有度；三去：去暴喜暴怒、去奢望贪求、去养尊处优。

♡精神畅快，心气和平；饮食有节，寒暖当心；起居以时，劳逸调节。

♡七情之病，看花解闷，听曲消愁，有胜于服药。

♡生活有规律也是养生之道。

♡养生要注意精神的保养，即注意喜、怒、忧、思、悲、恐、惊"七情"的变化。

♡养生之道莫久行久坐，久卧久听，莫强食饮，莫大醉，莫大愁忧，莫大哀思，此谓中和，能中和者长寿。

♡发宜常梳，面宜多擦，目宜常运，耳宜常弹，舌宜舔腭，齿宜数叩，津宜数咽，浊宜常呵（经常吐故纳新），背宜常暖，胸宜常护，腹宜常摩，谷道宜常撮（提肛），肢节宜常摇，足心宜常擦，皮肤宜常干，大小便禁口勿言（不说话）。

♡凡是长寿的人，其一生总是积极乐观的。

♡睡眠真是一种灵丹妙药！它能恢复人的体力，且能一定程度上恢复人的心灵，使它返璞归真。

♡心情舒畅是肉体和精神的最佳卫生法。

♡饮食要做到："皇帝的早餐，大臣的中餐，叫花子的晚餐。"

♡想长寿，吃好三顿饭；睡好8小时；每天坚持运动半个小时；每天要笑；每天大便；家庭和睦；不吸烟，不酗酒；避免增加体重。

♡健康要从每一天开始，每天健康，就一生健康。

♡能吃能喝不健康，会吃会喝才健康，胡吃胡喝要遭殃。

♡用肚子吃饭求温饱，用嘴巴吃饭讲享受，用脑子吃饭保健康。

♡以积极的态度对待人生。

♡人对生理卫生的知识，是最好的一种保健品。

♡一种美好的心情，比十服良药更能解除生理上的疲惫和痛楚。

♡在不违背神圣的条件下尽力让病人喜悦，无论如何也不叫他发愁。

♡养生之道，一是按照春、夏、秋、冬自然变化节律规范饮食起居；二是保持平和的心态随遇而安；三是针对身体失衡，及时进行调养。

♡聪明的人，在没有病的时候就知道养生；愚蠢的人，得病以后才知道治疗。

♡保证健康长寿的根本，是预防疾病的发生。

♡顺应春夏秋冬四时的变化，是包括人在内的生物正常生长之根本。

♡圣人春夏养阳，秋冬养阴。

♡养生着眼于三大平衡，即人与天地的平衡，人的心态平衡，人的脏腑平衡。

♡古往今来，善与养生密不可分。只有怀有善良的心地，才会保持松静的心理，才能与天地整体运动和谐，得到照应。

♡人善心静，养血益气。善是人体积极因素的启动器，让身体每一个细胞都充满善，可加快气血流通。

♡善待他人不仅可以延寿、气血畅通，还可以令面容秀美。

♡健康长寿是多因一果，缺少悟性难有善果。没有悟性的人难以找到健康长寿的真谛。

♡养生能懂得顺其自然，才真正开始接近天地。谁离天地越近，谁就能更多地获得滋养。

♡养生说到底是个哲学问题。

♡养生靠心理和行为的平衡。

♡养生行为的总则是效法天地，妥善处理食色二欲。

♡养生把握住五脏，使人体的五条大河保持畅通，是以最简单的手段保证了人体这一最复杂的系统工程的正常运转。

♡气血保持正常的流速和流量，人方能健康长寿。

♡人的容貌青春焕发，关键在于内脏充实、和谐与功能正常，而表面的美容只是一种补充，且不可过分。

♡五脏平衡，气血畅通，颜在其中。

♡养生养颜的一个原则：天藏我藏，天露我露；天睡我睡，天醒我醒。

♡养生，每天的起居应符合春生、夏长、秋收、冬藏的规律。

♡肾是先天之根，脾胃为后天之本。色欲不当伤根，饮食不当损本。

♡肠胃容纳的食物要清淡、清新、清净，才有利于保持人体的健康。

♡饮食有节，主要指定时、定量、清肠三个方面。

♡琼浆玉液，延年益寿。

♡烟酒糖茶，善食活用。不吸烟，慎戒烟；少喝酒，不酗酒；适用糖，不过量；常饮茶，择时饮。

♡真正的养生不治病，只调平衡。失衡，杂病丛生；平衡，百病自愈。

♡养生要坚持唯物论、平衡论、整体论、全息论、预防论、药食同源论、子午流注论。

♡保持身体健康的目的，是使你能获得智慧。

♡必须有充分的户外活动，作为思想、感情的一种稳定因素。健康需要这种松弛和休息。

♡健康不是一种物质状况，而是一种精神状况。

♡健康是智慧的条件、快乐的标志，也是开朗和高尚的天性。

♡良好的健康状况和高度的身体训练，是有效的脑力劳动的重要条件。

♡身体的健康在很大程度上取决于精神的健康。

♡身体要过着一种有规则的、有节制的生活，方才能保持健康。

♡人生的第二春当从 60 岁开始。

第十篇

惜时·价值·生命

　　2014年春晚一首《时间都去哪儿了》，让这句话成为流行语。那么你的时间都去哪儿了?! 契诃夫说："太阳一日不能升起两次，生命也将一去不复返。"每个人的成长，都在与时间做一场又一场的交换。

　　人即使活到一百岁，也无非36500天，一个人的一生应该怎样度过?《钢铁是怎样炼成的》书中，保尔·柯察金的名言曾被无数人奉为座右铭："人的一生应该这样度过，当他回首往事时，不因虚度年华而悔恨，也不因碌碌无为而羞耻。"保尔·柯察金这一名言，激励了一代又一代人的成长。

　　惜时如金，以时不我待、只争朝夕的责任感和紧迫感，撸起袖子加油干，做到干一行、爱一行、钻一行、精一行，确保工作事业年年有发展，岁岁上台阶。

　　年与时驰，意与岁去，遂成枯落，多不接世。

——诸葛亮

天长地久。天地之所以能长且久者，以其不自生，故能长生。

——老　子

合抱之木，生于毫末；九层之台，起于累土；千里之行，始于足下。

——老　子

凡有四端于我者，知皆扩而充之矣，若火之始然，泉之始达。

——孟　子

志士不忘在沟壑，勇士不忘丧其元。

——孟　子

欲不待可得，而求者从所可。

——荀　子

逝者如斯夫，不舍昼夜。

——孔　子

长江一去无回浪，人老何曾再少年。

——《明贤集》

光景不待人，须臾发成丝。

——李　白

光阴黄金难买，一世如驹过隙。

——《增广贤文》

莫等闲，白了少年头，空悲切。

——岳　飞

少壮不努力，老大徒伤悲。

——《古乐府》

宁为有闻而死，不为无闻而生。

——柳宗元

死生，天地之常理，畏者不可以敬免，贪者不可以敬得也。

——欧阳修

青山遮不住，毕竟东流去。

——弃辛疾

问渠哪得清如许，为有源头活水来。

——朱　熹

功之成，非成于成之日，盖必有所由起。

——苏　洵

不知命，无以为君子也。

——孔　子

世界是你们的，也是我们的，但是归根结底是你们的。你们青年人朝气蓬勃，正在兴旺时期，好像早晨八九点钟的太阳。希望寄托在你们身上。

——毛泽东

人固有一死，或重于泰山，或轻于鸿毛。

——司马迁

♡人生的最大科学问题是时间的利用问题。

♡人生的时间对人的一生影响最大，终生起作用；每分每秒都发生关系，又是最直接具体的；有时一件事错过，永远都无法弥补。

♡时间就是生命。

♡时间对于人是最公平、最温馨，又是最绝情的。它公平，一年 365 天，一天 24 小时；它温馨，时间悄无声息，不知不觉过去；它绝情，时间永远向前不回头，再多的金钱也换不回来。我们要珍爱时间。

♡珍惜时间，爱护生命；珍惜生命，爱护自己，珍惜时间。

♡时间像奔腾澎湃的急湍，或把人生送往遥远美丽的小岛，或把你埋葬在湍湍的急流，全看你对时间的态度。

♡时间川流不息，永不停止，永不复返，演绎了大不相同的人生画卷，不能怪时间，要怪自己。

♡自己是时间的主人。

♡时间的计算是从原点，或起点开始的。

♡有所作为的人生是从珍惜时间开始的。

♡人生什么时候都是有所作为的开始，真正的开始是从"今天"开始，明日复明日，明日何其多。

♡时间对于人生有两种不同的感觉。认为时间过得太快，因为时间抓得紧，利用得好，感觉充实；另一种认为时间过得太慢，无聊，无所事事，无所作为，最后一事无成。

♡浪费时间，无异于糟蹋人生，缩短生命。

♡时间为我所用。一天24个小时，要做什么，做到怎样，什么先做，什么后做，这就是科学。天天这样，月月坚持，年年不断，必有收获。

♡有所作为者将几倍于人生的时间。

♡时间的"相对性原理"告诉我们，必须十分珍惜人生的一分一秒。

♡人生的辉煌、社会的奇迹、人类的历史往往是在极短的时间创造出来的。

236

♡百米世界冠军只差零点几秒；球赛经常是在最后几秒钟决定胜负的；许多定律公式是因为几分钟、几秒钟的灵感确定的；原子弹是在几秒钟内爆炸产生巨大威力的。每一分钟，每一秒钟都可能创造人生奇迹。

♡时间就是金钱！再多的金钱也买不回时间。

♡充分利用时间的人真正富裕。

♡时间是财富中的财富，浪费时间比浪费金钱更可怕。

♡金钱宝贵，生命可贵，时间最珍贵。

♡时间是个常数，每天 24 个小时。时间又是个变数，对于勤奋者来说，一天的工作相当于一个月的工作；对于懒散者来说，一个月的工作抵不上一天的工作。

♡善于利用时间的人，等于延长自己的生命。

♡时间，珍惜，就是黄金；虚度，就是流水。

♡人的生命时间是确定的，然而怎样爱惜时间，怎样节省时间和科学利用时间是很值得研究的，必须引起足够的重视。

♡不要在懊悔、气馁和内疚上浪费时间。

♡要节省时间，尽量列出每天办事的单子，并一项一项做，做事讲究窍门。

♡年轻就是资本，年轻就是美丽，年轻就是希望，年轻就是未来。

♡做好眼前事，珍惜眼前人，走好脚下路。

♡现在事，现在心，随缘即可。

♡要节省时间，须集中力量干一件事，处理最急切的事。

♡在生命里，没有一样东西是永恒的，只有死是永恒的，越活的东西越容易飞逝而过。

♡人生是由大大小小痛苦的链环连接而成的，人生之路正如两座悬崖间的铁索桥。

♡人生的过程就是一个不断实现和产生欲望的过程。

♡今生最重要，最美好。

♡在生命的河流中，以自己的沉没换来他人的浮出者，他的生命在沉没中升华，在沉没中永恒。

♡在生命的长河里，我不能丈量它的长度，但我能增加它的宽度。

♡生命的山峰越高，攀登的乐趣就越多。

♡成功不受年龄的限制。为你心中的理想奋斗，现在正是时候。

♡一天最好是早晨，一年最好是春天，一生最好是少年。

♡"等一等"之路通往"永不"之室。

♡工作时决定了我们拥有什么；闲暇时确定了我们是什么样的人。

♡今天是昨天的延续，是明天的开始。今天是生活，是现实，是对昨天的醒悟，是明天希望的着手处。

♡没有今天，就没有未来。

♡今天的事今天做，不推到明天。明天，明天，还有明天，这个明天最后把你送进坟墓。

♡真正有所作为的人，一定是充分而又善于利用时间的人。

♡我们不必为过去和未来愁苦，只须真实地活在现实里。

♡时间是由分秒积成的，要养成利用闲暇的习惯，一遇空闲，不论长短，都善于利用，则积少成多，必有所成。

♡真正伟大的人，主要看他从事什么工作，看他是否把从事的工作作为矢志不渝的目标，看他是否善于利用时间去完成既定的目标。

♡人这一生，不能等。等明天，等不忙，等下次，等有时间，等有条件，等有钱了，等来等去，等到最后，等没了机会，等没了青春，等没了人生，等没了一切，等来了后悔。

♡把握现在，获得永恒，拥有未来。

♡人生就像一张有去无回的单程票。

♡把握好每天的生活，就是最好的珍惜。

♡生活之美在于品。

♡圣人不贵尺璧，而重寸阴。

♡世界上最贵的不是金钱，而是时间。

♡时间就是生命，你不守时，就是不爱惜生命。

♡韶光易逝，岁月荏苒，"等待"是生命的杀手。

♡人生，就是与时间赛跑。

♡懂得运用时间的人，时间是心灵时间，能够纵心自由，达古通今，超越时空。不懂得运用时间的人，生命渺小而有限。其实，整个世界就是一个展现生命力的舞台。

♡人生匆匆，别把遗憾留给自己。把握眼下的时光，才是最重要的事情。

♡红尘过往，没有人握得住地久天长，唯有珍惜当下。

♡一勤天下无难事。今日事，今日毕。

♡凡是有成就的科学工作者，都是利用时间的能手。

♡时间是人的财富、全部财富，因为任何财富都是时间与行动化合之后的成果。

♡今日不惜寸光阴，明日必留下遗憾，一生一定会后悔。

♡有所成就的人都是在别人荒废的时间里崭露头角的。

♡时间是组成生命的材料。请别浪费时间，热爱自己的生命吧！

♡善于选择要点意味着节约时间，而不得要领地瞎忙，就是浪费时间。

♡竞争激烈的社会，分秒必争是获胜的关键。

♡一切节约，最重要的是时间的节约。

♡人的一生应该为自己而活，应该喜欢自己，不要在意别人怎样看，怎样想。

♡人生是"短暂的烛光"。此时此刻举着辉煌灿烂的火把，燃烧得极其明亮，然后递交给后代的人们。

♡人生如戏剧，你要怎么演，就成什么样子。你要做一个成功者，取决于你的精神、态度和努力。

♡人生是一道山坡。上坡的时候是慢慢走的，但是下坡就走得快了。

♡人生若不能主宰自己，便永远是一个奴隶。

♡人生只有一生一死，要生得有意义，死得有价值。

♡人是自己生命的主宰，人也是自己死亡的主宰。

♡人一旦进入自我，便超越了生、超越了死，两者都达到了完美的地步。

　　♡生之本质在于死。只有乐于生的人才能真正不感到死之苦恼。

　　♡死，使善者坚强，使智者认识生，教他如何行动。死，使智者和善者永生。

　　♡人的生命是一个灿烂的过程，每个人都是世上的一个过客，要做怎样的过客，那是每个人的选择。

　　♡人生没有所有权，只有生命的使用权。

　　♡生命的很多事，你错过一小时，很可能就错过一生了，后悔莫及啊！

　　♡生命如逝水，流去的日子是永远不会回来的。我们要好好把握它、利用它，让它留下一点对得起自己的痕迹。

　　♡生命一般是在最困厄的境遇中发现自己、认识自己，从而锤炼自己、成长自己，最后完成自己、成就自己。

　　♡人必须为自己的生命负责，不可推诿于运气、命运、他人、家世或外部因素。

　　♡生命的小溪，它快活地穿过千万棵小草，滋润着数不清的枝叶与花朵，显示着生命小溪的价值。

　　♡生命是一篇小说，不在长，而在好。

♡谁能以深刻的内容充实每个瞬间，谁就是在无限地延长自己的生命。

♡所谓生命，就是一种力量，它时刻都在征服周围的一切事物，并把其他一切事物的力量吸收为自己的力量。

♡生命的过程，就是做自己，成为自己的过程。

♡人生的价值在于付出而不是索取。

♡一个人的生命是有限的，但前进的历史过程无限，如果能把有限的生命贡献给这一前进的无限的历史过程，那么，这种生命是永恒的，它就是人生的价值。

♡一个人的真正价值，首先决定于他在什么程度上和在什么意义上从自我之中解放出来。

♡一个人之有意义，不在于他遗留什么东西，而在于他有所作为和享受，同时又促进他人有所作为和享受。

♡所有的东西都会变化，只有"变化"永远不变。

♡伟大变为可笑只有一步，但再走一步，可笑又会变为伟大。

♡人一辈子都在高潮低潮中浮沉，唯有庸碌的人，生活才如死水一般。

♡生活是一种不断的竞争和自我的超越，所以不管你原来怎样，都需要身心的投入。

♡最好的生活态度该是，要认真严肃又要豁达洒脱，既不能浪费光阴，也不必对一切过分地苛求。

♡生活，就是理智，就是知道自己的价值，知道自己所能做到的与自己所应该做到的。

♡一个人觉悟到生活的意义而活在世上才是真正的现实主义的生活方式。

♡未来不在命运手中，而在我们自己手中。

♡我们必须凭自己的努力创造命运，而不是等待命运的安排。

♡我们用意志去把握命运，那么，我们自己就成了命运的主宰。

♡意外的幸运会使人冒失、狂妄，然而经过磨炼的幸运却使人成为伟器。

♡勇敢的人开凿自己的命运之路，每个人都是自己命运的开拓者。

♡大脑应得到休息，这样你才能进入更好的思想状态。

♡没有充分的休暇，就不可能有高度的文明。

♡谁不会休息，谁就不会工作。

244

♡闲暇不是心灵的充实，而是为了心灵得到休息。

♡休暇给身体和头脑提供养料。

♡有时间充实自己的精神生活，这才是真正享受休闲。

♡真正的思想家最向往的是充分的闲暇。

♡真正的闲暇并不是什么也不做，而是能够自由地做自己感兴趣的事情。

♡适度的娱乐能放松人的情绪，陶冶人的情操。

♡我们的心智需要松弛，倘若不进行一些娱乐活动，精神就会垮掉。

♡娱乐活动是为学习做好准备，又是学习后消除疲劳的良药。

♡无论如何，人类的一切智慧和知识所要解决的问题都是：人类如何保养自己，如何最大限度地享受生活。

♡只有在到达终点之时，人才能更好地享受走过的道路的乐趣。

♡身体要经常锻炼。早练早见效，晚练也有效，长年修炼长收效。锻炼养身，因人而异；修炼方法，因地制宜；循序渐进，贵在坚持。

♡从锻炼健康的身体中来磨炼出健康的精神。

♡活力的来源来自活动。一个人长久不做体力活动，不但身体逐步衰退，思想也会呆滞。

♡运动的好处除了强身之外，更是使一个人精神保持清新的最佳途径。

♡静止便死亡，只有运动才能敲开永生的大门。

♡体育是增进青年健康，发展他们的体力和各种能力的必要条件。

♡一个埋头脑力劳动的人，如果不经常活动四肢，那是一件极其痛苦的事情。

♡运动是身体的锻炼、德性的培养，是一切生命的源泉。

♡对一个内在健全的人来说，疾病甚至可以作为生命的有力刺激品。

♡疾病不仅在于身体的故障，还往往在于心的故障。

♡心灵上的疾病比肌体上的疾病更危险更经常。

♡一个人的情绪低落，疾病就会控制他的躯体。

♡财富难买健康，健康胜于财富；金钱难买幸福，健康才是幸福；康而乐，健康令人快乐，快乐有益健康；康而寿，健康才能长寿，长寿还需健康。

♡伟大的事业基于高深的学问，坚强的意志在于强健的体魄。

♡有健全之身体，始有健全之精神。若身体柔弱，则思想精神何由发达？

♡长期的身体毛病使最光明的前途蒙上阴影，而强健的活力则使不幸的境遇也能发出金光。

♡假如人人都知道适当的健身法，不消说，生命就可以大大延长。

♡健康不是人生的目的，而是最基本的条件。离开了健康就不能工作，至少不能像健康时那样生气勃勃地工作。

♡健康当然比金钱更为可贵，因为我们所赖以获得金钱的，就是健康。

♡要学习思考，必须锻炼我们的四肢、感官，以及其他各器官，它们是求知识的工具。

♡身体虚弱，它将永远不会培养有活力的灵魂和智慧。

♡有规律的生活，是健康与长寿的秘诀。

♡人生就是一次长跑，输赢得失都是暂时的。从容淡定，张弛有度，才是人生的大智慧。

♡心静自然凉，能保持冷静之心，纵使你有一肚子火，自然也会平静下来。

♡真正的智慧，可以穿越时空，历久弥新。

♡三十而立。立身，立业，立家。

♡四十而不惑。对外，明白了社会；对内，明白了自己；对自己明白了责任。

♡五十而知天命。知道了自己的命运轨迹，不怨天；知道了自己的人生定位，不尤人；知道了自己未竟的责任，不懈怠。

♡六十耳顺。看透了人生；看透了生命；看透了名利。

♡七十从心所欲。从心所欲要顺其自然；要随遇而安；要不逾矩。

♡我们应当在我们的思想行进中抑制一切无目的和无价值的想法，以及大量好奇和恶意的情感，起码，这也是节约时间，让我们把一切精力投入最重要的工作上。

♡一个人退到任何一个地方都不如退入自己的心灵更为宁静和更少苦恼，特别是当他在心里有这种思想的时候，以再认真思考，调整思路，再展雄心。

♡死亡是正常的，没有什么可怕。死亡是感官印象的终止，是欲望系列的中断，是思想的散漫运动的停息，是对肉体服务的结束。

♡生命是棵长满可能的树。

♡美好的生活应该是时时拥有一颗轻松的心，不管外界如何变化，自己都能有一片清静的天地。

♡战鼓阵阵催征人，时间紧迫不等人。

♡做一个岁月里的主人，留下一段动听的故事。

♡岁月较比光阴，有了更长更远的意味，也就可以拥有生活的五味杂陈。

♡岁月，让我们对生命的理解和感悟越来越深。

♡光阴，可以消磨我们的风华，却带给我们成熟的魅力。

♡风尘能够黯淡我们的容颜，却将一份智慧与淡定浸润在我们的心灵。

♡只有经过岁月的打磨，人生才能沙粒成珠，破茧成蝶。

♡哪怕一点酸、一点甜、一点苦、一点辣、一点咸，都成了岁月的味道，生活的调料。

♡人生如梦，岁月无情。

♡把握今生，不要期待来世。

♡岁月长存，青春不老。

♡品尝人生，走过岁月长河。

♡时间如流水，逝去了岁月，领略了生活，顿悟了人生。

♡珍惜当下的每一天，好好生活，静静领悟。

主要参考文献

[1]《马克思恩格斯选集》，第一、二卷，人民出版社，1995。

[2]《列宁选集》，第三、四卷，人民出版社，1977。

[3]《毛泽东选集》，第一至四卷，人民出版社，1991。

[4]《邓小平文选》，第一至三卷，人民出版社，1993。

[5] 习近平：《习近平谈治国理政》，外文出版社，2014。

[6] 中共中央宣传部理论局：《全面从严治党面对面》，《人民日报》，2017 年 4 月 24 日，第 9 版。

[7] 秦楚：《名言警句》，蓝天出版社，2016。

[8] 刘汉俊：《祝福中国梦——致 2017 年新春》，《人民日报》，2017 年 1 月 5 日，第 24 版。

[9] 任飓：《家风》，人民出版社，2015。

[10] 苏昌培：《明言经》，社会科学文献出版社，2008。

[11] 张琪：《名人名言》，山东美术出版社，2013。

[12] 李胜荣：《名人名言》，中国戏剧出版社，2007。

[13] 陈功：《家庭革命》，中国社会科学出版社，2000。

［14］袁志发：《快乐老人》，光明日报出版社，2006。

［15］易中天：《中国智慧》，上海文艺出版社，2011。

［16］于丹：《于丹〈论语〉感悟》，中华书局，2008。

［17］于丹：《于丹〈论语〉心得》，中华书局，2006。

［18］星云大师：《贫僧有话要说》，中华佛光传道协会，2015。

［19］蓝星海：《抒情哲学》，长江文艺出版社，1996。

［20］刘逢军：《中国龙文化养生之道》，中国文联出版社，2005。

［21］吴春芳：《登上健康》，北京出版社，2002。

［22］黄钊：《中国道德文化》，湖北人民出版社，2000。

［23］习骅：《中国历史的教训》，中信出版社，2015。

［24］（古罗马）奥勒留：《沉思录》，何怀宏译，中华编译出版社，2008。

［25］（美）戴尔·卡耐基：《人性的优点大全集》，孙良珠编译，立信会计出版社，2010。

［26］鲍鹏山：《孔子是怎样炼成的》，中国民主法制出版社，2010。

［27］于昕：《为人处世千百诀》，新疆大学出版社，1997。

［28］曾仕强：《胡雪岩的启示》，陕西师范大学出版社，2008。

［29］经典课程编委会：《北大哲学课》，北京联合出版公司，2013。

［30］刘修铁：《成功人士必知的100个生活哲理》，黑龙

江科学技术出版社，2007。

　　［31］郦波：《郦波评说曾国藩家训》，中国民主法制出版社，2011。

　　［32］张笑恒：《崔永元的说话之道》，青岛出版社，2014。

　　［33］《赢在中国》项目组：《马云点评创业——CCTV〈赢在中国〉现场精彩点评实录》，中国民主法制出版社，2007。

　　［34］红尘少年、幽谷老人：《人生哲理故事集粹，穿越时空的思想》，武汉大学出版社，1999。

　　［35］唐洪筒：《世界名人百传》，北方文艺出版社，2005。

　　［36］吴兆基：《中华上下五千年》，京华出版社，2002。

　　［37］杨建峰：《受益一生的北大哲学课》，汕头大学出版社，2014。

　　［38］李辉卫：《人生的扣子从一开始就要扣好》，《学习时报》，2017年5月3日，第2版。

　　［39］乐其：《少年无向易中轻》，《人民日报》，2017年5月4日，第4版。

后　记

　　本书吸取了同类书籍出版后读者的反映，旨在以一种新的视角、新的观念、新的形式把智者的慧语、仁者的明言、生活的精华展现给读者，这就是编著本书的愿望。本书的出版，使愿望得以实现，也是对本人长期以来资料的积累和思索、近三年来不懈努力的一种安慰，一种激励！

　　本书编写过程中，参与、借鉴或是引用了一些书籍、报刊、杂志内容，借此机会对相关作者一并表示衷心的感谢！

　　本书在编写过程中，还得到泉州市委党校王金水教授等仁人志士的鼓励和帮助，在此谨表深深的谢意！

　　本书是一个初步的探索和思考，因为本人学识有限，经验不足，书中难免有诸多的缺陷、偏颇和不足，真诚地盼望读者的批评和指正。

　　愿慧语与明言的心灵之花结出丰硕的果实！

苏维迎　于泉州

2017 年 7 月 1 日